一度は泊まってみたい
癒しの温泉宿

松田忠徳
Matsuda Tadanori

PHP新書

はじめに

本書は二〇〇三年（平成十五）五月に出版した『おとなの温泉旅行術——本物の見分け方・入り方』（PHP新書）のいわば続編です。

当時の日本はバブル崩壊後の後遺症を引きずり、社会的にも閉塞感《へいそくかん》が蔓延《まんえん》していました。ですから、温泉旅行のキーワードは〝癒し〟〝安らぎ〟でした。黒川《くろかわ》温泉（熊本県）のような、昔懐かしいモノトーンなホッとする田舎の佇《たたず》まいが脚光を浴びつつありました。

時代は純和風、〝日本回帰〟を求めていたのでした。このトレンドは三大都市圏を中心に景気が回復基調に向かったといわれる現在も変わりありません。いや、その傾向は今後さらに加速されるにちがいありません。

前著『おとなの温泉旅行術』では、若い世代の温泉ファン、とくに女性の方々に向けて、「純和風への逃避」場所として黒川温泉にスポットライトを当て、デフレ時代の温泉旅行術を指南したところ、幸いにも熟年層の方々も含め幅広い読者に受け入れられました。

それからおよそ四年半。温泉をとりまく社会状況はずいぶん変わりました。当時のような重苦しい閉塞感はなくなったように思えますが、代わりに〝勝ち組〟〝格差社会〟といった言葉が定着した感があります。

時代は今後、これまで以上に温泉を求めるということです。温泉の本質がこれほど求められようとしている時代は、戦後はじめてのことといっていいでしょう。なぜなら温泉とは、赤の他人と生まれたまんまの姿でお湯を共有し、分け隔てなく心身ともに豊かになれる場にほかならないからです。

手ぬぐい一本で、ふだん背負っている肩書きを捨てられる、素っ裸になれば、勝ち組も負け組もなくなる別世界が、日本人の究極の〝癒し〟と〝再生〟の場なのです。

江戸後期の人気の戯作者・式亭三馬《しきていさんば》は滑稽本《こっけいぼん》『浮世風呂』のなかで、「裸になればお釈迦様も三助も同じだ」というような意味のことを書いています。これが日本人の精神性のバックボーンにあることは、家庭に風呂があるにもかかわらず、なおも銭湯や温泉に行く現代人の姿を見ればわかります。

裸になれば身分に差別のない江戸の平等な世界、赤の他人ですら仲良くなれる温泉は、夫婦の仲のまたとない潤滑油《じゅんかつゆ》です。それを式亭三馬は活写したのですが、そこに日本人のエネルギーの源が潜んでいることは確かなようです。

本書は『おとなの温泉旅行術』の上級編を意識して書きました。それ以上に新たな読者として、私と同じ団塊世代のご夫婦をとくに意識して書きました。

ポイントは二点あります。一つは前著を刊行して四年半のあいだに、長野県白骨《しらほね》温泉の入浴剤混入事件を契機に列島を席巻《せっけん》した〝温泉偽装〟騒動によって、私が十年来主張してきた〝マガイモノの温泉〟〝循環風呂〟〝塩素殺菌風呂〟の存在が国民的にしっかり認識されるにいたったこと。これを踏まえて、いまだに温泉を気分でしかとらえていない団塊世代を中心とした人々に、循環風呂が温泉の本質ではないこと、また、マガイモノの温泉を浴びることのリスクをくわしく説明しました。

温泉は本来、夫婦、家族、友人、あるいは赤の他人どうし、同じお湯に浸《つ》かることによって価値観を共有し、お互いに豊かさを享受する場ですが、この時代、マガイモノの温泉を選ぶことは、すでに温泉選びの負け組たることを指摘したいと思います。単に施設の豪華さに惑わされることなく温泉の本質を見極める〝眼力〟をもつことが、人生のさらなる豊かさにつながると考えるからです。「たかが温泉、されど温泉」なのです。温泉は奥が深く、温泉を熟知すれば、人生を豊かにする〝健康へのパスポート〟すら得られます。それは私たちの先人たちの知恵でもありました。

二つ目は、温泉の今後のトレンドは〝安心〟〝安全〟から得られる〝信頼〟だということです。ホンモノ志向が温泉旅館の勝ち組、負け組を二分しつつあります。前著では温泉地の番付をつけましたが、本書では巻末に温泉旅館番付を掲載し、このトレンドを先取りする読者のみなさんに応えることにしました。温泉はすでに宿の信頼で選ぶ時代にシフトしています。

本書を通して、ホンモノの温泉、ホンモノの温泉旅館を見極める眼力、感性が育《はぐく》まれ、それが身近なところではみなさんの旅行の楽しみや健康づくりに、将来的にはより豊かな人生の構築のためにお役に立てれば望外の喜びです。

二〇〇七年十月

松田忠徳

目次
一度は泊まってみたい癒しの温泉宿

はじめに

序章　「たかが温泉」という人は……

第1章　だれが温泉を殺したのか!?

第2章　こういう宿は要注意！――決定版・ホンモノの温泉の見分け方

第3章　意外と知らない温泉分析書の裏のウラ

第4章　病気にならない温泉の魔法

序章

「たかが温泉」という人は……

「東府屋旅館」(静岡・吉奈温泉)

温泉は日本人にとって最高のリゾート

私たち日本人にとって、温泉はかけがえのない伝統文化です。記録として残されているだけでも、奈良時代、つまり千二、三百年も前から、日本人は自然の恵みである温泉に浸かることで病気を治療し疲労を取り、心の安らぎを得てきました。いわゆる「湯治《とうじ》」が、温泉の原点なのです。

その効能は、温泉に含まれたさまざまな成分によるものばかりではありません。一つの湯船のなかで、見知らぬ人々と同じお湯を共有することにも、大きな意味があります。よその土地からやってきた旅人どうしが、お互いに迷惑をかけないよう日本的なマナーを守りながら、心地よく会話を交わす。それが、温泉本来の流儀というものでしょう。この交流が、私たちの心に「効く」のです。

近ごろはプライベートを重んじる風潮もあって、露天風呂つき個室や家族風呂などが人気を集めるようになりました。でも、それでは温泉本来の醍醐味が半減しかねないと私は思います。日本人が大切にしてきた「和」の精神は、見知らぬ人とも裸でつきあえる共同湯を通じて育まれてきたにちがいありません。そして、人々との「和」を感じたときに、日本人は心の平穏を得ることができるのです。

いずれにしろ、温泉は、日本人が「心身を再生する場」として重要な役割を担ってきました。もちろん、二十一世紀を迎えた現在においても、その社会的役割はすこしも変わっていません。むしろ、その存在意義は以前より増しているともいえるでしょうね。

かつてないほどの強い精神的ストレスに満ちた社会のなかで、人々はこれまで以上に温泉を求めているように私には見えます。とくに二、三十代を中心とした若い世代で温泉ニーズが高まっているのは、そのストレスの強さの表れではないでしょうか。

また、それは同時に、私たち日本人が長い歴史を通じて、「温泉ＤＮＡ」とでも呼べるようなものを受け継いできたことの表れだともいえます。

一時、温泉は「年寄りの行くところ」というイメージで見られていました。しかし、いまは過去に例がないほど多くの若者が温泉地に足を運んでいます。おそらく日本人は、だれかに教わらなくても、生まれながらにして温泉のすばらしさを知っているのでしょう。日本人としてのＤＮＡが記憶しているのです。ですから、これまでと同様、これからも温泉は日本人にとって最高の「リゾート」として永遠に必要とされる存在なのだろうと思います。

ところがいまや、その日本の誇る温泉文化がたいへんな危機に瀕《ひん》している。本書を手に取ってくださるほど温泉に関心のあるみなさんなら、それは先刻ご承知のことでしょう。いや、いままでさほど興味のなかった人でも、昨今の報道を見聞きしていれば、温泉がさまざまな問題を抱えていることはわかるはずです。

きわめてハードルの低い現行の温泉法

実際、これほど頻繁《ひんぱん》にテレビや新聞で温泉に関するニュースが流れたことは、かってありませんでした。ここ数年の温泉業界は不祥事の連続です。

たとえば愛知県の吉良《きら》温泉では、二十年以上ものあいだ、水道水を沸かしただけのお湯を「天然温泉」と称して、利用者を騙してきました。吉良だけではなく、伊香保《いかほ》、水上《みなかみ》のような有名な温泉地でも、一部の施設で同様の偽装が明るみに出ました。

この種のニュースの震源地が公共の温泉だとしたら、温泉を愛する日本人としてはショックです。ところが二〇〇六年（平成十八）、北海道の公共温泉でまさかと思えることが発覚したのです。競走馬の産地として知られる浦河《うらかわ》町の公共施設「浦河温泉あえるの湯」が、〝温泉〟と謳《うた》いながらじつは「川の水一〇〇パーセント」のニセ温泉だったとの衝撃的な内部告発によって、町は温泉の看板を下ろさざるをえなくなったのです。

事件発覚後の2006年7月27日、「あえるの湯」は「温泉」の文字をはずすこととなった（読売新聞社提供）

一方、長野県の白骨温泉でも、公共温泉施設で売り物の「白濁したお湯」をつくるため、湯船に入浴剤を投入していました。そんなお湯なら家庭の風呂でも味わえるわけで、決して安くはない旅行代金と時間を費やして白骨まで足を運んでいた人々にとっては、まさしく詐欺《さぎ》に遭ったも同然ですよね。

温泉の不祥事はこうした偽装問題だけではありません。宮崎県日向《ひゅうが》市が九〇パーセント以上を出資している第三セクター「日向サンパーク温泉」で、二〇〇二年（平成十四）七月、レジオネラ菌の集団感染によって七人もの入浴客が亡くなるという悲惨な事件が起きました。これについては拙著『これは、温泉ではない』（光文社新書、二〇〇四年）にくわしく書きましたが、心身再生の場であるはずの温泉で命を落とすなどというのは、絶対にあってはならないことです。

以上はいずれも業者が法律違反を犯していたケースですが、ならば法律を守っていればよい温泉かといえば、必ずしもそうではありません。このあたりが、温泉問題の根の深いところだといえるでしょう。現在の温泉法は業者にとってきわめてハードルの低い法律なので、それをクリアしただけで「ホンモノの温泉」と呼べるとはかぎらないのです。

ただし、抜け穴が多くても法は法ですから、その基準を満たしているものを「ニセモノの温泉」と呼ぶわけにもいきません。そこで私は、温泉法はクリアしていてもホンモノとは呼べない温泉のことを、「マガイモノの温泉」と呼ぶことにしているのです。

では、マガイモノの温泉とは何か。くわしくは、のちの章に譲ることにして、ここでは簡単にふれておくことにします。たとえば大量の塩素を投入して殺菌処理を施し、機械で何度も循環させて使用しているお湯のことを、あなたは「(天然)温泉」だと思えるでしょうか。常識的な「温泉DNA」の持ち主、つまり、ふつうの日本人であれば、「それはちょっとおかしい」と感じるはずです。

あるいは、遠くの温泉地で汲《く》んだ源泉をタンクローリーで運んできて、温泉の出ない「温泉施設」で沸かしなおしたお湯はどうでしょう。これを「天然温泉」だと感じられる人も、ほとんどいないと思います。

しかし、現行の温泉法では、どちらも「天然温泉」を名乗ってオーケー。法的には、何のお咎《とが》めもありません。

利用者の「眼力」が温泉を変える

それ以外にも、こうした「マガイモノの温泉」にはいろいろあります。それが、堂々と「温泉」の看板を掲げて営業しているのが現在の日本なのです。

現在、わが国には約二万三〇〇〇軒の温泉施設がありますが、そのうち「ホンモノ」と呼べる温泉はおそらく三割もありません。一〇軒のうち少なくとも七軒は、「ニセモノ」あるいは「マガイモノ」の温泉だろうと私は推測しています。

こんな状態のまま放っておけば、いずれ日本の温泉文化は滅んでしまうことでしょう。「温泉文化が滅びる」というのは、「日本人の精神がダメになる」ということと、ほとんど同義だと私は思います。また、真の心身再生の場が失われれば、人々の労働意欲が低下し、国としての活力も衰えるにちがいありません。

ですから、私はことあるごとに、温泉業界に改革を訴え、行政サイドには温泉法のハードルを高くするよう求めてきました。もちろん、その努力は今後も続けていきます。

しかし、すぐに温泉の世界からニセモノやマガイモノが消え失せるわけではないというのも現実でしょう。むしろ、こうしているあいだにも、全国各地でホンモノとは呼べない温泉がふえているかもしれません。

ならば利用者としては、自衛手段として、ホンモノとニセモノやマガイモノを見分けるノウハウを身につける必要がある。そこで本書では、のちほど、ほんとうに豊かな温泉旅行を楽しむための具体的なアドバイスをしていくつもりです。

それは結果的に、不健全な日本の温泉を変えることにもなるでしょう。利用者がホンモノを見極める眼力を身につけ、ニセモノやマガイモノを避けるようになれば、温泉業界も生き残るために、ホンモノ志向にならざるをえないからです。

逆にいえば、日本の温泉をニセモノ・マガイモノだらけにしてしまった責任の一端は、利用者の側にもあるということです。偽ブランド商品を買う消費者がいるから、それで商売をしようと考える人間が出てくるのと同じことです。ニセモノやマガイモノをやすやすと受け入れる利用客がいるから、温泉業者がそれに安住してしまうという面があるのは否定できません。

もちろん、温泉を今日のような状態にしてしまった最大の責任は、ホンモノを提供するのを怠ってきた温泉業者にあります。しかし、この大切な温泉文化を守るためには、それを利用する側にも高い意識が求められるのではないでしょうか。

温泉問題を茶化す人々

ところが現実には、これだけ温泉の不祥事が続いているにもかかわらず、「べつにいいんじゃない？」などといって、問題視しようとしない日本人が少なくありません。入浴剤や水道水の温泉偽装問題を真剣に論じ、温泉の将来を深刻に憂《うれ》えている人々がいる一方で、その議論をこんなふうに茶化《ちゃか》す人たちがいるのです。

「そりゃあ偽装は褒《ほ》められたことじゃないけど、そうはいっても、みんな入浴剤や水道水だとは思わずに入って、温泉気分を味わえたわけでしょう？　それで満足できたんだから、そんなに細かいことをいわなくてもいいんじゃないかなあ。みんなが、いままで文句もいわないでニセモノの温泉に入っていたということは、お湯の質なんてそんなに重要じゃないということ。広い湯船に浸かって、上げ膳据え膳でおいしい料理を食べられれば、それで十分に楽しめる。だいたい、ニセモノの温泉とホンモノの温泉を見分けられる人なんて、めったにいないんだから。温泉なんて、雰囲気だけよければそれでいいんですよ」——。

じつに乱暴な話で、こうして書いているだけでも腹が立ってきますが、こういう「温泉観」をもっている人は決して少数派ではありません。もしかしたら、あなたの身近にも、「成分なんか入ってなくても、お湯が温かければそれでいいじゃないか」などという人がいるのではないでしょうか。

たしかに、そうとは知らずに偽装温泉を利用し、「ああ、いいお湯だった。やっぱり温泉はうちのお風呂とは違うな」などと満足感に浸《ひた》っていた人は少なからずいるでしょう。そういう現実を、自嘲《じちょう》をこめて茶化したくなる気分もわからなくはありません。

しかし、そういう考えの持ち主たちが、日本の温泉をここまでダメにしてしまったのも事実です。そもそも、温泉宿に行くのに「お湯の質はどうでもいい」というのは、本末転倒な話。「温泉宿」から「温泉」を取ったら「宿」しか残らないわけで、「広い湯船」や「おいしい料理」や「雰囲気」だけを求めるなら、わざわざ温泉宿に行く必要はありません。大きなお風呂は近くのスーパー銭湯にでも行けば用が足りるし、料理はホテルのレストランにでも行ったほうがコストパフォーマンスがいいでしょう。雰囲気だって、温泉宿と変わらない非日常感が味わえるはずです。

それでも日本人が温泉宿に行くのは、そこに「温泉」があるからにほかなりません。そして、「温泉宿」である以上は、「温泉」が最大の売り物だと考えるのが当然です。大都市やその近郊でマガイモノの温泉施設が乱立している現状を考えると、「よい温泉宿」と評価されるための今日的な条件は、「質の高い温泉がある」ということ以外にありません。温泉がニセモノやマガイモノだったら、そんなところにお金と時間をかけて出かける意味がないのです。

二〇〇七年（平成十九）六月、東京・渋谷でガス爆発を起こし、通行人まで巻き添えにした女性専用の〝高級〟温泉入浴施設も、温泉の質は〝低級〟そのもののマガイモノ温泉でした。

なぜ団塊の世代は温泉に「気分」だけを求めるのか

にもかかわらず「お湯の質はどうでもいい」という人は、要するに、ホンモノの温泉のすばらしさを知らないとしか考えられません。数千年もの長いあいだ日本人が親しんできた〝ホンモノ〟の温泉が、いかに心と体に効くかを知らないからにちがいありません。ニセモノやマガイモノしか知らないから、それで満足できてしまう。発泡酒しか飲んだことのない人が、「ホンモノのビールを飲みたい」とは思わないのと同じようなことです。

そして私の見たところ、一連の温泉問題を茶化して、「ニセモノでもホンモノだと思い込んでいれば温泉気分に浸れる」などという人は、若い世代にはあまりいません。いまの二十代、三十代というのは、何事にもこだわりのある「ホンモノ志向」の人間が多いので、温泉にもホンモノを求める傾向が強いのです。

むしろ、五十代よりも上の世代のほうが、温泉に「気分」だけを求める傾向がある。じつに嘆かわしいことですが、私と同じ世代、いわゆる「団塊の世代」に属する男性が、その中心になっているように思えるのです。

実際、私は以前、温泉偽装問題を報じる全国紙の記事のなかで、自分と同じ世代のアウトドア派と目されているテレビタレントが、「温泉は気分だけ味わえればニセモノでもいい」という主旨のコメントを寄せているのを読んだことがあります。そうやって物事をナナメから見て、皮肉っぽいことをいいたがるのは私たち団塊の世代の特徴でもありますが、有名タレントである本人や大新聞というメディアの影響力の大きさを考えれば、あまりにも軽率な発言だといわざるをえませんね。

しかし、これが単にウケをねらって茶化しているだけなら、まだ救いはあります。問題は、団塊の世代やその上の世代の男性たちが、本気で「温泉は気分だけでいい」と思っているフシがあることです。

人数も多く、いまや社会の重要なポジションを占めている世代の人間が、冗談ではなく本気で「温泉はニセモノでもかまわない」と思っているとしたら、これはたいへんな問題でしょう。それこそ日本の温泉文化を壊滅させる要因になりかねません。

では、どうして五十代以上の世代は温泉に対する意識が低いのか。

彼らは、決して温泉が嫌いなわけではありません。むしろ温泉地に出かけるのは大好きで、昭和の高度成長期には社員旅行などで盛んに温泉地へ行き、どんちゃん騒ぎをしながらストレスを発散していた人たちです。したがって彼らにとっても、温泉は「心身再生の場」であり、仕事を忘れて過ごす「リゾート」だったことに変わりはありません。

自分自身のために「ホンモノ志向」の温泉観を

しかしじつは、この「社員旅行」こそが古きよき温泉を衰退させる一因であり、「悪い温泉文化」の象徴のようなものでした。

くわしくは次章でお話ししますが、温泉地への社員旅行というのは、「温泉に浸かる」ことが主目的ではありません。大広間で全員そろって食事をし、「今日は無礼講だ」などといいながら浴びるように酒を飲み、ある者は近くのストリップ劇場へ足を運び、ある者は朝まで部屋で麻雀《マージャン》に興じる。若い人にはピンとこないかもしれませんが、それが昔の社員旅行というものでした。

要は「遊び」がメインですから、温泉旅館に泊まっているにもかかわらず、温泉そのものは二の次、三の次でしかありません。「面倒くさい」といって、せっかくの温泉に一度も浸からずに帰ってくる人も少なからずいました。

そういう〝温泉のイメージ〟をいまだに引きずっている人々が団塊の世代に多いのです。おそらく「温泉」という言葉を耳にしたときに彼らが思い浮かべるのは、ゆらめく湯煙や硫黄の匂いではなく、宴会場に並べられたお膳や、温泉街のケバケバしいネオンサインなのでしょうね。それさえあれば、そこにお湯などなかったとしても、彼らにとってそこは「温泉地」なのです。これでは、「ホンモノの温泉」を求める気持ちにならないのも無理はありません。

でも、すでに時代は大きく変わりました。

もう、温泉地はどんちゃん騒ぎをしてストレスを発散する場所ではありません。かつて社員旅行のメッカとして隆盛を誇っていた熱海《あたみ》の衰退ぶりを見れば、そういう温泉が通用しない時代になったことは明らかでしょう。

ですから、温泉地で社員旅行を楽しんでいた世代も、そろそろ価値観を転換する必要があります。実際にそうしはじめた人々もふえつつあります。それは、日本の温泉文化を守るためだけではありません。むしろ自分自身のために、これまでの温泉観を捨てる必要があるのではないでしょうか。

というのも、「温泉なんかニセモノでかまわない」といっているかぎり、ホンモノの温泉に出合うことはないからです。本人はそれでいいと思っているかもしれませんが、これは人生における大きな損失でしょう。せっかく豊かな温泉のある国に生まれ、一所懸命にはたらいて、ようやくこれから老後をのんびりと過ごそうとしているにもかかわらず、ホンモノの温泉を味わえないのでは、日本人として生きてきた甲斐がありません。いいすぎでしょうか？

たとえば、夫婦水入らずで温泉めぐりなどしても、その温泉がマガイモノだったのでは台無しです。どうせ行くならホンモノの温泉に浸かって、そのすばらしさを心ゆくまで堪能してもらいたい。そんな思いをこめて、私は本書に『一度は泊まってみたい癒しの温泉宿』というタイトルをつけました。

もちろん、これからお話しするのは団塊の世代だけに当てはまる温泉術ではありません。ホンモノとマガイモノの区別がつかない人、温泉は雰囲気だけよければいいと思っている人は、どの世代にもいるでしょう。

しかし、日本人に「温泉ＤＮＡ」が備わっている以上、だれでもある程度の知識と経験があれば、ホンモノの温泉を見極める力を身につけられるはずです。そして、ホンモノの何たるかを知れば、ニセモノやマガイモノの温泉で満足できるはずがありません。そうやって、老若男女を問わず、多くの日本人が「ホンモノ志向」の温泉観をもつようになれば、この国の温泉文化は必ずや復活することでしょう。

また本書の巻末では、温泉の質を第一に、料理、雰囲気もよい宿を厳選した本邦初の「平成温泉旅館番付」（行司・松田忠徳）を紹介します。これまで「たかが温泉」と思っていた人も、読み終えたときには「されど温泉」という気持ちになり、すぐにでもホンモノの温泉を味わうために旅支度を始めたくなるはずです。

第1章 だれが温泉を殺したのか!?

「忘れの里 雅叙苑」(鹿児島・霧島温泉郷)

温泉が「天然」なのは当たり前

さて、それではさっそく本題に入ります。

そもそも、日本人が味わうべき「ホンモノの温泉」とは何でしょうか。

結論からいえば、「源泉一〇〇パーセント利用でかけ流し」の温泉こそがホンモノだというのが、かねてからの私の主張です。地下から湧出《ゆうしゅつ》する源泉（温泉そのもの）を、そのまま湯船に注ぐ。もちろん、機械で循環させたりはしない。水や薬剤など人的なものを添加していない、つまり人の手を加えていない源泉をかけ流し、常時新鮮な状態で味わうのが、ホンモノの温泉というものです。そうすることによって科学的にもホンモノの状態を正しく保て、しかも医学的に心身に効くからです。

もっとも、「温泉ＤＮＡ」をもっている日本人であれば、そんなことは私にいわれるまでもないでしょうね。自然の力によって生み出された温泉こそが「ホンモノ」だと、だれでも直観的に知っているはずです。地下から湧き出たものをそのまま利用するのが究極の温泉術なのです。

だからこそ温泉業者も、塩素殺菌や加水などを行ったマガイモノの温泉に、「天然温泉」

という（違法ではないが真実でもない）看板を掲げたがる。温泉は本来「天然」のものであり、人々もそれを求めているとわかっているから、客寄せのために「天然」をセールスポイントにするわけです。

しかし考えてみれば、温泉はそれがホンモノであるかぎり「天然」に決まっているのですから、わざわざ「天然温泉」と呼ぶのもおかしな話。たとえば、アワビやマグロのような海産物なら、「天然モノ」も「養殖モノ」も生物学的にはホンモノのアワビやマグロですし、マグロなどは「養殖のほうがおいしい」という人もいます。しかし、温泉の場合は「天然モノ」だけがホンモノ。仮に「養殖」の温泉というものがあったとしても、それはすでに「温泉」ではないのです。

もちろん、ニセモノやマガイモノがふえたので、「天然」をつけることで「うちはホンモノだ」と区別したくなる気持ちはわかります。しかし、ホンモノだという自信があるならば、単に「温泉」と名乗って堂々としていればいいのではないですか。

むしろ、ことさらに「天然温泉」を強調している施設は、ちょっと信用できません。全部が全部そうだとはいいませんが、その看板の裏に何か隠しているのではないかと疑ったほうがいいと思います。

たとえば飲み屋さんにしても、わざわざ店先に「明朗会計」などと当たり前のことが書いてあると、かえって騙されるような気がして不安になりませんか。温泉もそれと同じ。後ろめたいところのない経営者は、その世界で「当たり前のこと」を売り物にはしないはずです。

さらにいえば、「源泉一〇〇パーセント」という言葉が一人歩きし、マガイモノの温泉施設でいかにもホンモノらしく使用されていることにも気をつけたいものです。「源泉一〇〇パーセント」でも循環されていては、あとでふれますが、入浴者の老廃物がお湯に溶け込んだうえ、殺菌剤などで酸化されて鮮度を失ってしまっている。つまり温泉とは似て非なるものになっています。これこそが、マガイモノの温泉なのです。

ですから、「源泉一〇〇パーセント」と「かけ流し」が必ずセットになっていなければならないと肝に銘じましょう。消費者を錯覚させる広告が巷《ちまた》にあふれています。

温泉の本質は老化を防ぐ「還元系」

一九四八年（昭和二十三）に施行された「温泉法」の第二条に、温泉の「定義」が次のように定められています。

この法律で「温泉」とは、地中からゆう出する温水、鉱水及び水蒸気その他のガス（炭化水素を主成分とする天然ガスを除く。）で、別表に掲げる温度（摂氏二五度以上）又は物質（表のように遊離炭酸など一八種類の物質を指定）を有するものをいう。

この温泉の定義は、こう書かれているとも解釈できますが、これだけしか書かれていないという見方もあるでしょう。後者の見方をする人は、「水を加えてはいけないとは法律にはひと言も書かれていない。湯量が足りないので六〇パーセント水道水を加えて営業しよう」と考える場合もあるでしょう。決して間違った解釈とはいえないのです。

ですが読者のみなさんのなかには、「どうもおかしい。それじゃ水道水を沸かしたのと大差ないじゃないか」と怒り出す人もいるかもしれませんね。日本人ならまっとうな意見です。

私は法律は尊重したいと思います。ただ、あえて科学的に温泉の本質は何かと問われたら、「還元系」であることと答えることにしています。湧水も温泉（冷鉱泉も含む）も、地下から湧出するものの共通した特性は還元系なのです。

還元力のある温泉や水は、私たちの体の細胞を活性化してくれます。皮膚ですと老化を防ぐはたらきをしてくれます。「アンチエイジング」という言葉が流行していますが、まさに

温泉法が定義する「温泉」

1．温度（源泉から採取されるときの温度）**摂氏25度以上**

2．物質（下記に掲げるもののうち、いずれかひとつ）

物質名	含有量（1kg中）
溶存物質（ガス性のものを除く）	総量1000mg以上
遊離炭酸（CO_2）	250mg以上
リチウムイオン（Li^+）	1mg以上
ストロンチウムイオン（Sr^{2+}）	10mg以上
バリウムイオン（Ba^{2+}）	5mg以上
フェロ又はフェリイオン（Fe^{2+}, Fe^{3+}）	10mg以上
第1マンガンイオン（Mn^{2+}）	10mg以上
水素イオン（H^+）	1mg以上
臭素イオン（Br^-）	5mg以上
沃素イオン（I^-）	1mg以上
フッ素イオン（F^-）	2mg以上
ヒドロひ酸イオン（$HAsO_4^{2-}$）	1.3mg以上
メタ亜ひ酸（$HAsO_2$）	1mg以上
総硫黄（S）〔$HS^- + S_2O_3^{2-} + H_2S$に対応するもの〕	1mg以上
メタほう酸（HBO_2）	5mg以上
メタけい酸（H_2SiO_3）	50mg以上
重炭酸ソーダ（$NaHCO_3$）	340mg以上
ラドン（Rn）	20（100億分の1キュリー単位）以上
ラジウム塩（Raとして）	1億分の1mg以上

ホンモノの温泉はアンチエイジングの旗手といってもいいでしょう。

対するは酸化です。リンゴの皮をむいて放置しておくと茶色に変色します。酸化した証拠です。湧水も温泉も空気に触れるとともに酸化し、活性酸素を生み出す原因となります。水道水は塩素で強制的に酸化されており、入浴やシャワー浴は皮膚の老化を促進させます。ましてや、循環風呂の温泉に殺菌剤として混入されている塩素系薬剤の量は水道の比ではありませんから、当然それだけダメージは大きなものがあります。

水化学の専門家である法政大学工学部の大河内正一教授は、「人間の皮膚は温泉と同じ還元系だ」と述べています。皮膚は加齢とともに酸化されていきますが、ホンモノの温泉浴はアンチエイジングに最適なわけです。女性たちが昔から、「温泉＝美肌」と感じてきたその感性は正しかったといえます。もっとも、そうした図式を描くことができたのは、「源泉かけ流し」が常識であった四半世紀以上も前の話なのですが。

私に温泉の定義を修正することが許されたら、次のように文言を一部改めるでしょうね。

この法律で「温泉」とは、地中からゆう出**したままの**温水、鉱水及び水蒸気その他のガス（炭化水素を主成分とする天然ガスを除く。）で、かつ**還元系を維持し**、別表に掲げる温度又は物質を有するものをいう。

もう一度、くりかえしておきます。科学的に見ると温泉の本質は「還元系」であるということに尽きます。つまり生き物である温泉は、鮮度が命なのです。長時間空気にさらされたり、ましてや塩素系薬剤などで強制的に酸化された温泉はもはや温泉の亡骸《なきがら》といったほうがいいかもしれません。

源泉かけ流し宣言

もちろん、こうしたことを認識している頼もしい温泉経営者も少なくありません。

私はここ数年、一軒一軒の宿ではなく地域全体が源泉かけ流しを行い、消費者からの信頼を回復すべく、温泉地再生の指導を行ってきました。

二〇〇四年（平成十六）六月に奈良県の十津川《とつがわ》温泉郷が、わが国で最初の「源泉かけ流し宣言」を行いました。これは地域の全温泉施設が源泉かけ流しをするという、きわめてハードルの高い宣言です。

十津川温泉郷の場合は、村営の日帰り入浴施設を含め二五ある温泉ホテル、旅館、民宿、共同浴場のすべてが源泉かけ流しによる安心、安全な高レベルの温泉を提供しています。循環風呂の宿が一軒でもある温泉地は、こうした消費者と真摯《しんし》に向き合った取り組みに参加できません。

同じ二〇〇四年に新潟県関《せき》温泉、北海道川湯《かわゆ》温泉、二〇〇六年（平成十八）には大分県長《なが》湯《ゆ》温泉、北海道摩周《ましゅう》温泉、二〇〇七年（平成十九）には長野県野沢《のざわ》温泉と北海道糠平《ぬかびら》温泉などが宣言を行っています。

川湯、野沢のような規模の大きな有名温泉地も参加し、温泉業界でその動向が注目されています。ＪＴＢをはじめ大手旅行代理店でも源泉かけ流しの宿が商品化されていることからも関心の高さがうかがえます。

二〇〇六年五月二十四日に、大分県の長湯温泉が広瀬知事の前で「源泉かけ流し宣言」を行ったときの「毎日新聞」の記事を紹介しておきましょう。

竹田市直入町の長湯温泉旅館組合（首藤文彦組合長）加盟の15旅館が24日、優れた泉質をＰＲする「『源泉かけ流し』宣言」を県庁で行った。偽装表示問題などによる温泉への不信感を払しょくしようとの取り組みで、九州では初めて、全国では4番目。

2004年6月、源泉かけ流しの宣言文を読み上げる更谷慈禧・十津川村長（左）と著者（奈良日日新聞社提供）

長湯温泉は、炭酸含有量や湯量の豊富さで「日本一の炭酸泉」として知られ、年間約80万人が利用。旧直入町（注：合併により直入郡直入町→竹田市直入町へ）時代から、泉源保護を目的に、保水力の高い広葉樹を植林した住民に補助金を交付し、地域ぐるみで温泉保護にも取り組んでいる。

15旅館は「かけ流し」の温泉を持ち、湯あかがつきやすいため、宣言では、「毎日の清掃や管理に注意を怠らない」としたほか▽自然環境を守る▽医療的入浴法を取り入れた先端的温泉療養地を目指す――などをうたっている。各旅館は今後、宣言書のほか、専用の看板やのぼりを設置する。

この日は、首藤組合長、竹田市の牧剛尓市

十津川温泉郷 源泉かけ流し宣言

『十津川の温泉に入れば、心も体も癒される』


十津川村は、紀伊半島の中心部、奈良県の最南端に位置する日本一大きな村で、険しい山々に抱かれた川沿いに湧く「湯泉地温泉」「十津川温泉」「上湯温泉」それぞれ泉質の違った３つの源泉を有しております。

昭和 60 年、これら３つの温泉地は、当時の環境庁から国民保養温泉地として指定を受け、称して十津川温泉郷と言われております。

この３つの温泉地では、古くからお湯を再利用しない非常に贅沢な使い方で浴槽内に常に新鮮なお湯を流し入れ「ほんもの」で「生きた温泉」、なおかつ「安全なお湯」を提供してまいりました。

このことから、本年１月１日、十津川温泉郷は、泉質に優れた湯量豊富な高温泉に誇りをもち、「天の恵み」である「村の宝」を全国に発信すべく、全ての旅館、民宿、公共施設を「源泉かけ流し」としました。

発信にあたり十津川温泉郷は

1、全ての旅館、民宿、公共施設でレジオネラ菌検査を行った結果、国の基準値に適合し安全性を確認しました。
2、日常的に浴槽のお湯の入替、徹底した清掃を行い、浴槽の管理並びに清潔をモットーとしています。
3、「生きたお湯」「ほんもののお湯」の温泉力を劣化させず、新鮮なエネルギーを直接肌に感じていただくために、全ての温泉浴場を「源泉かけ流し」にしました。

十津川村は、「豊かな緑」「清らかな渓流」「歴史ある古道」そして「ほんものの温泉」を有しています。

「大切な何かが失われてしまった」そう指摘されて久しい今日の日本。

十津川村は、その「何か」と出合える地、「日本のふるさと」でありたいと考えております。

「ほんもののお湯」にゆっくりと浸り「心も体も癒されてほっとする、また来たくなる十津川村」を目指し、より安全で、より清潔で、より新鮮なエネルギーを提供するために、十津川温泉郷は、「源泉かけ流し」を宣言いたします。

平成 16 年６月 28 日

十津川村長　更谷慈禧

十津川村観光協会長　古田雅文

十津川村旅館組合長　田花敏郎

十津川村民宿組合長　中井兵一

賛同立会人　札幌国際大学観光学部教授　松田忠徳

十津川温泉郷の源泉かけ流し宣言文

長、立会人の松田忠徳・札幌国際大観光学部教授ら約20人が県庁を訪れ、広瀬知事の前で宣言書を朗読。来年6月、長湯温泉で第3回の「源泉かけ流し温泉サミット」が開かれることも報告した。

首藤組合長は「宣言によって利用者が安心して入れる温泉地を目指し、湯治場としても再構築を図りたい」と話していた。

なんでも科学でコントロールするのは人間の思い上がり

しかし多くの温泉経営者たちは、温泉は「天然」が当然だとわかっていながら、その「当たり前のこと」を蔑《ないがし》ろにしてきました。もともと天与の恵みであった温泉を、人間の手で過度に管理しようとしてきたのです。それが、日本の温泉をダメにした大きな理由の一つでしょうね。

「人間の手を加える」とは、つまり「科学の力」を借りるということにほかなりません。機械を使う循環風呂などは、まさにその典型といえます。科学の力でお湯を何日も、施設によっては数カ月も循環させせお湯を取り替えないために菌が繁殖する。そこで風呂の衛生状態を保つためには、塩素というまた別の科学の力が必要になる。薬剤を使って無菌状態にできても、本来、温泉で健康になりたい私たちの身体に対するダメージは計算されていないというおぞましさ。「循環風呂」がそんな「悪循環」に陥っていたのでは、洒落《しゃれ》にもなりません。

塩素の恐ろしさについてはのちの章でゆっくりお話ししますが、そういう化学薬品で温泉を殺菌し、集中管理するというのは、科学技術の世界に住んでいる人間ならではの発想です。彼らには、なんでもかんでも人間の手でコントロールしようとする傾向がある。しかし、それは人間の思い上がりではないでしょうか。

自然の調和の前では、人間など無力なものです。それなのに人間は、たとえば目先の安全のために、野生のオオカミを大量に殺してしまったりする。たしかにそれで家畜が襲われる心配はなくなりましたが、生態系が崩れたせいで、今度はシカがふえすぎてしまい、農作物を荒らされて甚大な被害を被ったりするわけです。

マガイモノの温泉で行われているのも、それと似たようなもの。「レジオネラ菌が怖いから塩素などの薬品で殺菌しなければいけない」といいますが、自然の源泉をそのままかけ流しにして、毎日、浴槽の湯を抜いて汚れを洗い流していれば、レジオネラ菌が危険なレベルまで繁殖することはありません。同じお湯を何日も、ときには何カ月も循環させて使い、浴槽を掃除する手間も省いているから、そこに残った人間の老廃物をエサにレジオネラ菌がふえるのです。

要するに人間がふやしているわけで、本来、レジオネラ菌というのは常在菌ですから、自然状態で存在しているぶんにはさほど危険なものではありません。それを人間が勝手にふやしておいて「危ない危ない」と騒ぎ、退治するために大量の塩素を投入しているのですから、なんだかマッチポンプのようなものです。

そして、やっと塩素でレジオネラ菌を殺したと思ったら、今度はその塩素が人間の肌を傷《いた》める原因になってしまう。だったら最初から天然のままにしておけばいいだけの話で、ほんとうに愚かしいというしかありません。

さらに考えなければならないのは、そうした施設から外に垂れ流される濃厚な〝塩素泉〟が川に注ぎ、自然体系を破壊する原因にもなっている点です。

したがって、いま、温泉を科学技術の世界から引き離すべき時期が来ているといえるでしょうね。だからこそ、もともと文学畑出身の私のような人間が温泉の研究に取り組むことにも、それなりの意味があるだろうと思っているのです。

「温熱効果」が病気に効くなら家庭の風呂でも同じこと

そもそも温泉というものは、科学の研究対象にはあまり向いていません。なぜなら科学者の仕事というのは、基本的に、物事にある一定の法則性を見つけ出すことだからです。そして、発見したパターンを別のことに応用する。そのパターンの応用範囲が広ければ広いほど、研究の価値も高まるというわけです。

ところが温泉の場合、含まれている成分や特徴はそれぞれ異なるので、あらゆる温泉に共通するパターンを見出すことはなかなか難しいのです。どの温泉も、すべて個性が違う。ですから、たとえば「ホンモノの温泉とは何か」ということについても、科学的に定義するなどはたいへんなことなのです。

先ほど私は、「源泉一〇〇パーセントかけ流し」をホンモノの条件としてあげましたが、これは科学的な定義ではありません。科学的にやろうと思ったら、どの成分が何パーセント含まれていればホンモノと呼べるか、あるいは源泉の温度がどれだけあれば温泉と呼べるかといったことを、厳密に決める必要があります。

しかし、同じ成分構成の温泉など一つも存在しない以上、そんなことは無理な相談でしょう。たとえば秋田県の玉川《たまがわ》温泉は、私が「ホンモノ」と認める温泉の一つですが、その成分構成は玉川温泉だけのもの。それを科学的な「ホンモノ」だと定義してしまったら、ホンモノの温泉はこの世に玉川温泉しかないという話になってしまいます。そこで湧水にも共通した〝還元系〟という言葉を使ったのです。

温泉にはそういう多様性があり、一つのパターンをすべてに当てはめることができないので、科学者はあまり積極的に取り上げようとしません。科学がかかわるのは、レジオネラ菌退治や循環装置のような「管理」の面がほとんどで、温泉の本質を科学的に追究しようとする人はあまりいないのです。やってやれないことはないはずですが、これほど多種多様な温泉を本質的に研究しても、手間がかかるばかりでお金にならないのでしょう。割に合わない仕事というわけです。

そのため医学の分野でも、温泉の効用について深く研究しようとする人は多くありません。それこそ玉川温泉などは、医学に見放されたガン患者が湯治によって回復したケースも結構ありますから、本来、医学的にもきわめて興味深い対象であるはずです。しかし、温泉には共通の法則性がないので、仮に玉川温泉がガン治療に効くことが科学的に証明できたとしても、そのデータがほかの温泉にも当てはまるわけではない。「玉川温泉はガンに効く」とはいえても、一般論として「温泉はガンに効く」とはいえないわけです。

そのため温泉の治療効果について、医者はせいぜい物理作用としての「温熱効果」や「静水圧」「浮力」作用、あるいは転地効果を指摘することしかできませんでした。お湯に含まれている成分はバラバラですから、どの温泉にも共通する要素としては、「体を温めている」ということくらいしか見当たらないのです。

でも、体を温めれば病気が治るのであれば、温泉に浸かる必要はありません。水道水を沸かした家庭のお風呂でも同じことでしょう。そうなると、「温泉はニセモノでも構わない」という与太話を後押しすることになってしまいます。このあたりに、温泉を科学で扱うことの限界があるわけですね。

「病気になったら温泉」が常識ではなくなった時代

科学者があまり注目しないからといっても、温泉の効能に科学的な根拠がないかというと、そうはなりません。人数は多くありませんが、温泉に含まれた成分の医療効果について研究している医学者はいますし、一定の成果も上がっています。あとでもふれますが、温泉が体の免疫機能を司《つかさど》る白血球の数やはたらきを適正値に調節するうえで非常に効果があることが、山口宣夫・金沢医科大学教授（血清学）の研究で明らかにされたこともその一つです。

また、温泉は何千年もの長きにわたって湯治場として利用されてきたのですから、その効果が単に「気分」だけによるものであるはずはありません。人間が歴史のなかで積み重ねてきた「知恵」というのは、往々にして科学を先取りしているものです。

たとえば食生活にしても、日本人は昔から日本人の体質に合った食材や料理法を選び取ってきました。戦後の日本では、「欧米食こそが科学的に正しい」と考える栄養学者が日本食を否定するような動きを見せたこともありました。ですが、近年はそれが日本人の健康を蝕《むしば》んでいることが明らかになっていますし、逆に欧米で日本食が高く評価されていることは、さまざまなメディアを通して私たちは知っています。

温泉も同じで、先人たちの「知恵」を侮《あなど》ってはいけないのです。科学的な分析はできなくても、いや正確にいうと、まだきちんとされていなくても、長いあいだの実績によって、それが病気に効くことを信じられたからこそ、温泉は湯治の場として日本人に広く利用されてきたのでしょう。これを「経験温泉学」と呼んでもいいでしょう。

そして、その湯治場としての役割が軽視されるようになったところから、温泉の堕落《だらく》が始まったのだと私は思います。

かつての日本では、「温泉＝湯治場」という図式が常識として浸透していました。少なくとも戦前までは、湯治のできない温泉など温泉とは認められていなかったのです。すでに江戸時代から、西洋医学が日本にも入ってきてはいましたが、昔はいまのように、どこにでも立派な病院があったわけではありませんから、田舎に住んでいる人々にとっては、温泉がもっとも身近で手軽な「医療施設」だったにちがいありません。

しかし、戦後になって西洋医学が一般化し、発展していくにつれて、湯治場としての温泉の存在感は相対的に低下していきました。昔は「無医村」が当たり前でしたが、いまはその存在が問題視されるくらいですから、どんな田舎でも医者がいて当然になったということでしょう。そのため「病気になったら医者に行く」が常識となり、「病気になったら温泉に行く」が常識ではなくなったわけです。

すると、温泉はどうなるか。湯治場としての役割は求められなくなっても、温泉が日本人にとって「心地よい場所」であることに変わりはありません。昔の人も、病気を治すことだけが温泉に行く目的ではなかったはずです。最初にもお話ししたとおり、見知らぬ人と同じ湯に浸かって会話を交わすのは、それだけで楽しいことですし、私たちを癒してくれます。

そのため戦後の温泉は、湯治場としての存在意義を失い、「行くと楽しい気分になれるところ」となりました。いくつかある温泉の魅力のなかで、その部分だけが生き残った。要するに、「観光地」としての役割がクローズアップされるようになったのです。

すると当然、温泉の質も変わらざるをえません。「湯治場」から「観光地」へ——。これが、現在の温泉問題を語るうえで、一つのキーワードになっているといえるでしょう。

東京オリンピックが決定づけた温泉の観光地化

湯治場として行くのであれば、当然、そこは「ホンモノの温泉」でなければ意味がありません。病気を治癒する力をもっているのは、ホンモノの温泉だけです。だから昔は、質の高いお湯を提供する施設でなければ、だれも足を運ぼうとはしませんでした。逆にいえば、質の高いホンモノの温泉さえあれば、そこに多くの人が集まったのです。

では質の高いホンモノの温泉とは何か。それは地中から湧き立ての温泉です。温泉の生命線は「鮮度」にあるからです。もともと微々たる成分に効いてもらうには、湧出したばかりの温泉を浴びなければならないのです。たとえば硫化水素臭を失った硫化水素泉は意味がないということです。

ところが「観光地」となると、別の要素が求められるようになります。お湯そのものにすばらしい効能があっても、それだけではお客さんを呼ぶことができません。料理や風景、遊戯施設など、本来は温泉の「脇役」でしかない部分を売り物にしないと、経営が成り立たなくなってきます。

しかも、戦後は人口の都市集中が進み、農家の長男以外はみんな東京や大阪などの大都市に出ていくようになりました。もともと都市には「湯治」という生活習慣がないわけで、そういう土地で暮らす人間がふえたことも、温泉の役割を変えたといっていいでしょう。都市部から田舎の温泉へ行く人々にとって、そこは病気を治すための実用的な場所ではなく、休暇を遊んで過ごすための娯楽的な場所になったわけです。

そして、そのような温泉の観光地化を一気に促進させたのが、一九六四年（昭和三十九）に開催された東京オリンピックでした。

温泉とスポーツの祭典に何の関係があるのかと思われるでしょうが、今日でも、オリンピックは開催地に劇的な変化をもたらすものです。たとえば、二〇〇八年に予定されている北京オリンピックは、単なるスポーツのイベントではなく、中国経済を大きく飛躍させる起爆剤としての効果が期待されています。

四十三年前の東京オリンピックも、敗戦から立ちなおった日本の姿を世界に大きくアピールする機会だと位置づけられていました。それはまさに、戦後の復興と輝かしい高度経済成長のシンボルのような大会だったのですね。

そのため、当時は大会の開幕に備えて、日本中で大々的なインフラ整備が行われました。高速道路や新幹線などの建設によって、日本の国土がガラリと装いを新たにしたのがこのときです。当然、温泉地もその影響を受けて大きく姿を変えました。車や電車でアクセスしやすい温泉地が、大量の利用客を受け入れる観光地として開発され、どんどんスケールアップしていったのです。

その代表といえるのが、熱海でしょうね。東海道新幹線の停車駅となれば、その集客力は従来の比ではありません。それまでは遠くて行けなかった土地の人々も、容易に熱海まで足を延ばすことができます。アクセスしやすいから多くの人が訪れ、人が集まればお金も集まるので、さらに開発を進めることができる。それによって観光地としての魅力が増せば、ますます人が集まるでしょう。そういう好循環によって、熱海はどんどん巨大な観光地として成長していきました。

さらには首都圏から関西圏への移動も格段に便利になり、有馬《ありま》、白浜《しらはま》が東京都民にも身近なものとなりました。

一方、アクセスの悪い山奥の小さな温泉場は、おのずと衰退していきます。熱海や別府《べっぷ》のような大型の観光地こそが「温泉」だというイメージが固定化されてしまったので、田舎のほうに人々は目を向けようとしません。いわば、郊外型の大型スーパーの登場によって、地元の商店街に閑古鳥《かんこどり》が鳴くようになるのと同じことです。

観光地化した温泉地に客を奪われたのは、ほとんどが昔ながらの小さな湯治場でした。その結果、温泉の「湯治場から観光地へ」という流れが決定づけられてしまったわけです。

「質」より「量」を優先させた社員旅行

もちろん、温泉に入るのが「湯治客」から「観光客」になったからといって、それだけでお湯の質が変わるわけではないでしょう。利用客がどんなつもりで入ろうが、温泉は温泉です。お酒だと思って飲んでも、水がお酒になるわけではありません。

しかし現実には、湯治場の観光地化が進むにつれて、温泉の質は悪化していきました。それは、なぜでしょうか。

簡単にいってしまえば、「質」より「量」が重視されるようになったからです。何事も、質と量を両立させるのは容易ではありません。質を維持しようとすれば量をこなせない。量をまかなおうとすれば、質が落ちる。それが世の習いだとすれば、大量の観光客が押し寄せるようになった温泉地でお湯の質が落ちたのも、ある意味で必然的な成り行きだったといえるのではないでしょうか。

温泉は自然が与えてくれるものですから、有限の資源。たとえ源泉は涸《か》れなくても、一定の時間内に湧出する量は決まっています。水道のように蛇口《じゃぐち》をひねればたくさん出るというものではありませんし、工場で生産しているわけでもないので、需要の増加に合わせて供給をふやすことなどできませんね。

しかし、観光地化した温泉地では、お湯の需要がどんどんふえていきました。どの宿も、利用客のニーズに応えて、湯船のサイズを大きくしていったからです。

もっとも、客層の中心が家族連れやカップルであれば、そんなに湯船を大きくする必要はなかったかもしれません。小さい湯船でも、入浴時間をズラせば対応できるでしょう。しかし当時の温泉地は、圧倒的に団体客が中心でした。なかでも、温泉旅館にとって最大の「お得意様」になったのが、序章でもお話しした社員旅行です。

社員旅行というのは、団体行動が大原則。ふだん仕事で一致団結を強いられているのですから、旅行のときぐらい自由に行動すればいいようにも思いますが、そういうわけにはいかないのが日本の組織なんですね。そもそも自由行動を認める発想があったなら、社員旅行など計画しません。それにかかる時間とお金を、各自が好きなように使えばいいだけの話です。

それでも全員で旅行をするのは、それも「仕事」の一部だから。社員の結束感を高めることも大きな目的ですから、勝手な行動は許されません。

したがって社員旅行では、全員で電車やバスに乗って移動し、食事も大きな宴会場でいっしょに食べる。食事の前に入浴をすませておくのがふつうですから、浴場にも大勢の社員がいっせいに入ることになります。そうなると、小さな湯船では間に合わない。そのため熱海型の温泉観光地では、どんどん湯船を大きくしていったわけです。

しかし、先ほどもいったように、湯船を大きくしても温泉の量はふえません。それまではコップ一杯分の源泉に合わせてコップサイズの湯船をつくっていたのに、それをいきなりバケツにしたようなものです。当然、お湯は足りなくなる。みんながちゃんと肩までお湯に浸かれるようにするには、どうにかして水増しする必要があります。

そう、それは文字どおりの「水増し」でした。大きな浴槽を満たすために、旅館側は水道水を沸かしたお湯を加えるようになったのです。

「泊まっていただく」ではなく「泊めてやっている」

そうやってお湯の質を落としても営業に差し支えなかったのは、まず第一に、利用客よりも旅館側のほうが「強かった」ことがあげられるでしょう。

なにしろ当時は、社員旅行をはじめとした温泉宿の需要が多かったので、泊まり客は「予約を受けつけてもらえるだけで御の字」という状態でした。混み合うシーズンになると、「廊下でもいいから泊めてくれ」と旅館に泣きつく幹事さんもいたと聞きます。

さすがに湯治全盛期のときのように廊下までは使わなかったでしょうが、そんなわけですから、あの時代は宴会用の大広間を「客室」として使うのが当たり前になっていました。いまは中高生の修学旅行でさえ、生徒に個室が与えられるようになっていますから、若い人は「信じられない」とビックリするかもしれませんね。しかし昔は、大人の団体客が、大広間に何十枚も敷き詰められた布団の上に寝かされて、それをおかしいとも、なんとも思わなかったのです。

それでも喜んで利用してもらえるのだから、旅館側が強気になっても仕方ない面がありま す。経営者も従業員も、「泊まっていただく」ではなく「泊めてやっている」という意識になっていた旅館が多かったのではないですかね。実際にそんな話を経営者から聞かされたことがあります。

だとすれば、お湯の質をいくらか落としたところで「文句をいわれる筋合いはない」と思ったとしても不思議はありません。「どうしても泊めてくれ」というから泊めてやっているのであって、お湯が足りないのは自分たちのせいではない。これだけの客を入浴させようと思ったら、温泉を「水増し」しなければならないのは当然だろう――というわけで、罪悪感のようなものはほとんどなかったのだろうと想像します。

一方、利用客のほうも、「お湯の質」にはこだわらなくなっていました。序章でも述べたとおり、あのころの社員旅行は、「いいお湯を肌でじっくり味わう」ことが目的ではありません。行きの電車やバスの車中から酒を飲みはじめて、そのまま旅館での宴会に突入、朝までどんちゃん騒ぎをくりひろげる。それが、社員旅行の「王道」でした。

風呂も、疲れを癒すために入るというよりは、社員どうしがふだんはできない、「裸のつきあい」をするために入るようなもの。いずれにしろ、要はお互いの親睦を深め、会社としての一体感を高めることが主眼なので、お湯の質などはどうでもいいわけです。

だから、温泉が水増しされていても、だれも文句をいわない。そもそもお湯の質が落ちていること自体に気づきません。

もっとも、その背景には、「まさか温泉にニセモノやマガイモノがあるはずがない」という思い込みもあります。それについては、またのちほどふれることになりますが、観光地化する前の温泉は大半が「ホンモノ」だったのですから、お湯の質に関して疑いをもたないのも無理はありません。

しかし、日本人には「ホンモノの温泉」を肌で感じ取る「温泉DNA」があるのですから、質の高いお湯を求める気持ちがあれば、その変化に気づく人も多かったはず。それができなかったのは、温泉旅行に対する目的意識が変わっていたために、「温泉DNA」が休眠状態になっていたからでしょう。そうやって旅館側と利用者側がともにお湯の質を軽視した結果、日本の温泉はどんどん劣化していきました。

「栄養ドリンク」としての熱海

温泉に「癒し」を求めているいまの若い人が、昔の社員旅行の話を聞くと、「それでは旅行をしても疲れるばかりで、逆効果ではないか」と感じることでしょう。まったくもって、ごもっともな感想です。

とはいえ、あの時代はそんな旅行でも社員のリフレッシュにはなりました。もちろん、当時のサラリーマンも、仕事で疲れていなかったわけではありません。「モーレツ社員」などという言葉もあり、みんな会社のために死に物狂いではたらいていましたから、肉体的にはいまよりもハードだったかもしれません。だからこそ、みんなこぞってストレス発散のために温泉に行きたがった。そのあたりの心理は、いまと変わりありません。

しかし、格差社会などといわれている現在とは違い、そのころの日本は高度経済成長の真っ只中にありました。

世の中全体に勢いや張りのようなものがありましたから、仕事に対する意欲も、いまより格段に高かったと思います。いくらはたらいても給料が上がらないどころか、何十年も身を捧げてきた会社に冷たくリストラされてしまう現在とは、経済的な環境がまったく異なっていたのです。

がんばって仕事をしていれば、右肩上がりで給料がふえた時代ですから、ストレスの溜《た》まり方もいまとは違う。お金の面で報われれば、人間、それだけでストレスもある程度は吹き飛ぶものです。

だから、体は疲れていても、みんな精神的にはつねに「イケイケ」な感じで過ごしていた。社員旅行も、その勢いのまま温泉地にくりだすので、静かにのんびりと過ごすのではなく、元気に遊びまくることになります。温泉の力を借りて疲れを癒すというよりは、非日常的な場所で気分転換を図ることによって、明日への活力を得ていたのだと思います。実際、あのころのビジネスマンたちは、温泉宿で寝る間も惜しんで遊び、翌日に会社に戻るやいなや、バリバリとはたらくことができました。

そういう意味で、高度成長期のサラリーマンにとって、熱海や別府のような温泉地は、いわば「栄養ドリンク」のような役割を果たしていたというのが私の見立てです。心を静めてストレスをやわらげるのではなく、むしろカーッとなるような刺激を与えて、ますますエネルギッシュにはたらけるようにするのが、社員旅行の役割だったわけです。

いま、そんなふうに温泉を見ている人はあまりいないでしょうが、昔の温泉旅行にはそういうイメージがありました。考えようによっては、いまとはリフレッシュの方法が違うものの、当時も温泉は「心身再生の場」として機能していたともいえますが……。

温泉旅館＝「尾頭つきの銭湯」

観光地化して巨大な娯楽施設となった温泉地は、ある意味で、戦後の日本が築き上げた「豊かさ」の象徴のようなものでした。熱海や別府は、そこに「行ける」と思うだけで労働意欲を高めるような、華やかな存在だったのです。まだ海外旅行が一般化する前の時代ですから、庶民にとっては、それがいちばんの贅沢《ぜいたく》だったといえるでしょう。

ですから温泉地は、できるだけ派手でにぎやかな場所でなければなりません。あるがままの自然に囲まれた山奥の鄙《ひな》びた温泉地では、そこに「連れていってやる」といわれても、社員のモチベーションは上がらない。飲食店や土産物屋、そしてストリップ劇場のネオンがギラギラと輝き、見た目だけで豊かさを実感させてくれるような温泉地を、「この仕事が終わったら行けるぞ」と鼻先にぶら下げなければ、貧しい時代を知っている人々には「ニンジン効果」にならなかったのです。

もちろん、泊まる旅館そのものも大きくて立派なほうがいいし、風呂も広々としていたほうが嬉しい。ただし、団塊より上の世代は、子どものころから銭湯に親しんでいますから、単に風呂が広いだけでは満足しません。銭湯よりも立派で、銭湯よりも豪華な風呂に浸かることで、豊かさを実感できる。私にいわせれば、そこで求められていたのは「温泉」ではなく、「鯛《たい》の尾頭《おかしら》つき銭湯」です。

温泉旅館というと、食べきれないほどの料理をズラリと並べるところがいまだに多いのですが、それも温泉が「豊かさの象徴」だった時代の名残でしょう。山中にある温泉旅館でさえ、お刺身がそれこそ「尾頭つき」の舟盛りでドーンと出てきたりする。そして、それをだれも不思議に思わない。地場の食材かどうかは関係なく、とにかく見た目が豪華ならそれでよかったわけです。お湯の質が問われなくなったのも当然でしょうね。

さらにもう一つ、この時代に温泉が「尾頭つき銭湯」と化してしまった理由として指摘しておかなければならないのは、当時の社員旅行の主役が、圧倒的に「男」だったということ。いまは温泉にかぎらず、どんな旅行も女性客が主役になっていますが、昔の社員旅行は「男旅行」でした。

いくら温泉に経済的な「豊かさ」を求めていても、女性社員が楽しめるのを考えて企画される旅行だったならば、あのようなどんちゃん騒ぎにはならなかったことでしょう。しかし、当時は女性社員の数も少なく、いま以上に「男の論理」が会社を支配していました。

それもあって、高度成長期の温泉旅行は本来の意味を失い、どちらかというと下品な方向に流れていったのだと私は思っています。ネオンがギラギラしている温泉地に続々と押し寄せていく男たちの姿は、いまにして思えば、街灯に吸い寄せられる「蛾《が》の群れ」のようなものだった……といってもいいすぎではないでしょう。

「保養」ではなく「レジャー」となった温泉旅行

こうして温泉は「湯治場」から「観光地」となったわけですが、これは別の言い方をすると、温泉が「レジャー」の対象になったということです。

休暇や余暇の過ごし方というのは、一様ではありません。たとえば「保養」のために旅行する人もいますし、本来の修学旅行がそうであるように、何かを学ぶために旅に出る人もいるでしょう。

しかし戦後の日本では、それが「レジャー」という言葉に集約されてしまった面があります。たとえば、社会経済生産性本部が日本人の余暇についてまとめた文書には、「レジャー白書」というタイトルがつけられています。これなどは、「余暇＝レジャー」という意識の表れではないでしょうか。レジャーを楽しめる時間が長いかどうかが、社会の豊かさを計る一つの指標になっているわけです。

そして温泉も、遊園地やボウリング場やパチンコ屋と同じ「レジャー」の仲間入りをしてしまいました。英語の「レジャー」という言葉には「余暇」という意味もありますから、そのかぎりでは温泉旅行をレジャーと呼んでも間違いではないでしょう。しかし外来語として日本で使われている「レジャー」は、「娯楽、気晴らし」といった意味合いの強い言葉ですよね。だとすれば、これは本来、温泉には似合わない言葉です。

少なくとも私は、温泉を「保養」の場だと考えています。私だけでなく、いまは多くの日本人が、そういうイメージで温泉を利用しているはずです。医学の発達で湯治場としての存在意義がいくらか失われたとしても、温泉が心身を癒す場所であることに変わりはありません。それは決して「レジャー」ではないのです。

しかし団塊の世代を中心として、高度成長期の社員旅行を経験した人たちの多くは、いまだに温泉旅行を「レジャー」だと思っているようです。いや、若い人々のなかにも、上の世代の温泉観を疑うことなく受け入れてしまい、温泉旅館を「レジャー施設」だと考えている人が大勢いることでしょう。

それはそれで、本人がよければいいという考え方もできないわけではありません。でも私は、いまだに昔ながらの社員旅行をしている人たちを見ると、「この人たちは、いったいいつ休養をとっているのだろう」と他人事ながら心配になります。

子ども連れで遊園地に行けばわかるとおり、レジャーというのは楽しいけれど疲れるものです。人込みのなかで行列しながら遊び、車なら帰りは渋滞に巻き込まれて、家に戻ったときはヘトヘトになっているのが日本のレジャーというもの。そういう疲れを癒すためにこそ存在しているはずの温泉までレジャーにしてしまったら、「保養」の場がなくなってしまうではありませんか。

みんなが元気ハツラツとしていた高度成長期ならそれでも耐えられたかもしれませんが、いまの時代にそれではもたないでしょう。日本人が総じて元気をなくしているといわれる時代だからこそ、私はすべての日本人に「保養」の場としての温泉を取り戻してほしいと願ってやまないのです。

「家でゴロゴロ」では保養にならない

なかには、「休養をとるなら温泉だろうがなんだろうが、どこにも行かず、家でゴロゴロしているのがいちばんんだ」という人もいるでしょう。とくに私たち団塊の世代には、そういう休日の過ごし方をするタイプが多いように見えます。

朝から晩まで家のなかで無為に過ごし、夜になればビールを飲みながらテレビの前に寝転がって巨人戦のナイターを見る。外に出かければクタクタになるまで激しく「レジャー」をやり、休むとなったら家でゴロゴロして何もしないという、両極端な余暇の過ごし方しかできないのが、団塊の世代の特徴といっていいのではないでしょうか。

しかし私には、家でゴロゴロすることがほんとうの意味の休養になるとはとても思えません。動かなければ肉体的には休まるかもしれませんが、現代人の疲労というのは大部分が精神的なものです。家のなかで何か創造的な趣味にでも精を出すならともかく、ただビールを飲んで野球を見ているだけでは、かえってストレスが溜まるのではないかと思うのですが。

だとすれば、それは休養に対する「消極性」がいけないのではないかと思います。休養というのは、ただ休むことが目的なのではありません。休むのは、心身をリフレッシュして元気にはたらくという「目的」を達成するための「手段」です。だから、単に何もしないで消極的に過ごしていたのでは、その先にある目的を実現することができない。もっと積極的に休むことが、心身の再生につながるのです。

とはいえ、積極的にレジャーをやっていたのでは休養になりません。だから私は、ここで「保養」という言葉を使いたいと思うのです。「休む」「休養する」というより、「保養する」といったほうが、積極的な感じがしませんか。

少なくとも、家庭や職場といった日常的な場所で「保養」ができるとは思えません。「保養」というからには、ふだんとはちょっと違う場所で、ふだんとはちょっと違うことをするようなイメージがあるでしょう。つまり、保養の場合には「非日常性」が大事。そして、温泉地が「保養」に最適な非日常空間であることは、いまさらいうまでもありません。

はっきりさせておきたいのは、同じように「何もしていない」ように見えても、温泉地まで出かけていって過ごす時間の質というのは、家でゴロゴロしているのとはまったく違うのです。まず、日常生活を送っている家とは物理的な距離がある。それだけでも人は爽快《そうかい》な気分になれるものですし、「明日のために充電しよう！」と積極的な気持ちにもなれるでしょう。

しかもそこには、（観光地化した温泉地は別ですが）都会にはない静けさや目にやさしい自然の風景があります。狭い茶の間でテレビを見ているより、そういう場所を散策でもしたほうが心身のリフレッシュに役立つのは、だれが考えても当たり前のこと。そういう環境のなかで、ふだんはなかなか口にできない地方の新鮮な食材を使った料理を食べるのも、また格別というものです。

そして何より、そこには自然がもたらしてくれたホンモノの温泉がある。それに浸かることで体や心に染み込んでくるものは、家庭の風呂では絶対に得られないものです。

そう、積極的な「保養」とは、ただ心身を「休める」ことにあらず、ましてやお金や体力をひたすら消費してくることでもなく、非日常的な空間にしかない何かを、みずから「得る」ことで成り立つものなのではないでしょうか。

時代を読めている会社は熱海に行かない

いまの時代に必要なのは、そういう保養の場としての温泉です。人々は休暇のあいだにそこで安らぎや新しい活力を得て、ふたたびそれぞれの日常に戻っていく。そんな温泉旅行が広まれば、各自の人生が豊かになるばかりでなく、すっかり疲弊しているように見える社会全体にも潤《うるお》いや活気を与えることになるでしょう。

ですから私たちは、自分自身のためにも、世の中のためにも、高度成長期に歪《ゆが》んでしまった温泉観を正さなければいけません。

いや、実際には若い世代や女性を中心に、すでに日本人の温泉に対する価値観は大きくシフトチェンジを始めています。そうでなければ、温泉の偽装表示問題などがこれほど世間で注目されることはなかったでしょう。心身を癒してくれるホンモノの温泉が求められているからこそ、これだけの大問題になったのです。

ところが序章でもお話ししたとおり、人数が多いだけに声も大きく、しかも社会を指導する立場にいる団塊の世代が「たかが温泉じゃないか」などと平気でいう。いまだに温泉を「鯛の尾頭つき銭湯」くらいにしか思っていないのです。そして相変わらず会社の部下を引き連れて熱海型の社員旅行をやりたがるのですから、若い人たちにとっては、じつに迷惑きわまりないでしょう。

六、七年ほど前に、私は伊豆《いず》へ向かう電車のなかで、それらしき団体に遭遇したことがありました。三十年前のスタイルそのままに行きの車中から酒盛りを始め、私と同年代の男性が女性社員に酌《しゃく》などさせて悦に入っているのを見て、「この会社に未来はあるのだろうか？」と、余計なお節介ながら心配になってしまったのを覚えています。

その男性が二十代だったころは、熱海型の温泉地へ行くことが「成功の証《あかし》」としての意味をもっていました。豊かさの象徴である大温泉地で社員旅行ができるのは、会社が成長しているからであり、それはその会社に属している自分の成功でもあったのです。

しかし時代は変わった。いまはむしろ、熱海へ社員旅行をすることを「恥ずかしい」と感じる人がふえています。そういう時代の流れを感じ取ることができず、「ホンモノ志向」に逆行するような社員旅行をしている会社は、本業のほうでも社会の動きを正しく読めていない可能性が高い。時代の最先端を走っているような会社が、社員全員で熱海に出かけ、電車のなかで宴会をするとはとても思えませんよ。

もちろん、ただでさえ疲れている社員をそんなかたちでますます消耗させているという意味でも、こういう会社の考え方には問題があります。これからの会社は、社員の「保養」を考えるべきで、「レジャー」を与えれば喜ぶだろうと思っているようでは時代から取り残されるのは間違いありません。

だからこそ、組織のなかで強い影響力をもっている団塊の世代には、自分たちが若いころに身につけた価値観がもう通用しないことに、早く気づいてほしいのです。

温泉の観光地化は時代的な背景による部分が大きいので、「団塊の世代が日本の温泉をダメにした戦犯だ！」とまでは私もいいません。しかし、結果的に日本の温泉文化を断絶させ、本来あるべき姿からもっともかけ離れた温泉旅行を求めてきたのが団塊の世代であることは事実です。何十年も信じてきた価値観を変えるのは容易ではないでしょうが、それを自覚し、反省することによって、あらためてホンモノの温泉と向かい合ってもらいたいものです。

温泉は「生涯の趣味」にうってつけ

「ホンモノの温泉探し」は、団塊の世代にとって失われたものを取り戻すチャンスにもなるでしょう。高度成長期の観光地化した温泉にどっぷり浸からざるをえなかった人々は、ある意味で「被害者」だったともいえます。せっかく日本という国に生まれながら、ホンモノの温泉を知る機会を奪われ、それを味わうことができなかったのですから、これほど大きな損失はありません。

そのマイナスを残された人生のなかで埋め合わせるためにも、古くさい温泉観は捨て去ったほうがいいのではないでしょうか。こういう言い方をすると、「新しいものに迎合しろ」といわれているように感じて不愉快に思うかもしれませんが、それはむしろ逆です。

実際には、団塊の世代が抱いてきた温泉のイメージのほうが、一時的に咲いた時代のアダ花のようなもの。何千年にもおよぶ温泉の歴史を考えれば、温泉地がレジャー施設になったのはほんの一瞬の出来事にすぎません。

何事にも「不易《ふえき》」と「流行」の両面があるとすれば、いまの若い世代が抱きはじめているホンモノ志向の温泉観のほうが「不易」なのです。団塊の世代には世間の「流行」に背を向けたがる傾向もありますから、ほんとうは昔から続いてきた伝統的な温泉を求めたいと思う人のほうが、じつは多いのではないでしょうか。

それに、「ホンモノ志向」はそもそも団塊の世代の専売特許みたいなものだったはずです。たとえば食べ物にしても酒にしても、「ホンモノ」に関する知識をいろいろと仕入れて、飲み屋などでウンチクを傾けるのが好きなのが、私たち団塊の世代です。

だとすれば、温泉について「気分だけ味わえればいい」などと嘯《うそぶ》いてみせるのは、団塊の世代らしくありません。各地の温泉の泉質がどう違い、どのような味わい方をすべきかといったことを語って楽しむのが、本来この世代の流儀というものでしょう。

もちろん、これが楽しいのは団塊の世代に限ったことではありません。

日本には約二万三〇〇〇軒もの温泉施設があり、それぞれ違った個性をもっています。その味わい方を究めようと思ったら、全国各地に足を運ぶしかありません。そうやって温泉地をめぐっていれば、日本中の風景や名所旧跡を目にすることになりますし、土地ごとに特色のある食べ物を口にすることにもなるでしょう。

つまり「温泉を知る旅」は、「日本を知る旅」でもあるわけです。これはだれにとっても、生涯の趣味になりうるくらい楽しいものではないでしょうか。少なくとも私はそう思います。

「夫婦再生の場」としての温泉

とりわけ、これから老後を迎える世代にとっては、夫婦共通の趣味としても最適でしょう。

昔から日本人には、歳をとってから夫婦で旅行を楽しむ習慣があまりありません。観光地で目にするカップルは若い世代ばかりで、年輩になると大半が女性どうしのグループです。旦那さんは仕事が忙しくて旅行している暇がないのかもしれませんが、もう定年退職しているはずの年代でも、男性は奥さんといっしょに旅をしない。ひとり寂しく家で留守番でもしているのでしょうかね。

たまに夫婦で旅行をしている人がいても、正直、あまり楽しそうに見えません。たいして会話も交わさないし、それぞれ興味の対象が違うのか、たいがい奥さんが積極的にあちこちに行きたがり、男性のほうは仏頂面でそれにくっついていくという図式です。ことあるごとに意見が食い違い、なにやら言い合いをしている人たちも少なくありません。

団塊の世代は年金など経済的な面では恵まれた立場にいますが、夫婦の関係がこれでは定年退職後の生活は豊かにならないでしょう。

会社を離れた男性というのは、いきなり周囲との人間関係が希薄になるものです。それまで友人だと思っていた相手も、じつは仕事のつながりがあるから親しくしていただけなので、退職したとたんに縁遠くなったりする。地域社会とのつながりも培《つちか》ってこなかったので、いっしょに旅行する相手は奥さんくらいしかいないというのが実情ではないでしょうか。その奥さんと口喧嘩をしながら旅行をしていたのでは、あまりにも寂しすぎます。

そんな夫婦のあいだを取りもってくれるのが、そう、温泉です。日本人なら温泉の嫌いな人はめったにいませんから、共通の関心事になりやすいでしょう。

それに、温泉に浸かって喧嘩している人というのはいません。温泉は日本人にとって「和」の象徴のような場所だからです。

まあ、なかには奥さんがなかなか風呂から出てこないことに業を煮やして、「いつまで入ってるんだ！」と腹を立てている男性もいますが、それは温泉の味わい方を理解していないため。ホンモノの温泉を知り、その意味を肌で感じられるようになれば、すこしくらい待たされても寛容な気持ちになれるはずです。

「まあ、のんびりしようや」というゆったりした気分で構えていれば、腹なんか立ちませんよ。むしろ、温泉ほど女性を美しくするものはありませんから、湯上がりの奥さんを見て、「おっ、意外にまだ若々しいんだな」と嬉しくなるくらいでないと……。洋の東西を問わず、温泉は昔から〝若返りの素《もと》〟というではありませんか。

そういう意味では、温泉は「心身再生の場」であるばかりではなく、「夫婦再生の場」にもなるでしょう。高度成長期の日本を支えるために忙しくはたらいてきた団塊の世代は、これまで夫婦の会話もろくにしてこなかった人が多いもの。その「失われた時」を取り戻すうえでも、温泉はとてもよい手段となるのです。

「法律」ではなく「モラル」で守られていた温泉文化

ところで、温泉に対する価値観を切り替えなければいけないのは、団塊の世代だけではありません。その影響を受けて温泉をレジャーだと思い込んでいる人々も同様です。

しかし、それより何より真っ先に意識改革を行わなければいけないのは、利用客ではなく、温泉を提供する業者の側でしょう。

こちらも、高度成長期には時代の要請に応えて規模を大きくせざるをえなかった面がありますから、過去に温泉を「水増し」して質を落としたことについては、私もいくらか同情しないわけではありません。しかし、その時代遅れの発想をいまだに続けている温泉経営者は、間違いなく温泉を殺した「主犯」です。

前にもすこしふれましたが、高度成長期に温泉が水増しされたとき、利用客がそれに気づかなかったのは、「まさか温泉にニセモノやマガイモノがあるはずがない」という思い込みによる面もありました。これは、いまでもそうでしょう。温泉は「天然」が当たり前で、まさか水道水や入浴剤や塩素が入っているとは思わない。つまり利用者は温泉業者を信用しているわけで、二〇〇四年夏の温泉偽装騒動はその信頼を業者が「裏切った」ことが問題の本質だと私は思っています。

そもそも終戦直後に制定された温泉法がきわめてハードルの低いものになったのも、そういう信頼関係が成立していたからでしょう。いちいち細かい規則を設けなくても、「ホンモノの温泉」がどういうものかはだれもがわかっているし、それ以前に「ホンモノではない温泉」など存在するはずがないという「常識」があったから、アバウトな法律で構わなかったともいえるでしょう。

そして温泉経営者のほうも、「法律」ではなく「常識」を守る努力をしてきました。それには、相当にストイックな生き方が求められたことでしょう。

おそらく大昔から、温泉の経営は「水増しの誘惑」との戦いだったと思います。限りある湯量をふやすことができれば経営は楽になるわけで、そのためには加水するのがいちばん手っ取り早い。すこしくらい水道水を加えたところで、ほとんどの利用客は気づくこともありません。飲み屋の主人が日本酒に水を混ぜて量をごまかすよりも、はるかに簡単なことです。

しかし高度成長期を迎えるまで、日本の温泉経営者の多くはその誘惑をみずから断ってきました。お金儲けよりも、温泉のプロとしての誇りを優先させてきたのです。

そこには、いかにも日本人らしいモラルの高さがあったともいえるでしょう。法律には違反していないし、いくらかごまかしたとしてもだれにも気づかれないけれど、それをやったらお天道様に申し訳が立たない。とくに温泉は天から与えられた自然の恵みですから、そこに人の手を加えたら「バチが当たる」という感覚が強かったのかもしれません。そういう思いが、日本の温泉文化を守る原動力になっていたのだと思います。

「あうんの呼吸」で信頼できるのが本来の温泉

だからこそ利用者のほうも、「まさか騙されることはないだろう」と何の疑いもなく信じることができた。法律は甘いし、旅館が表示どおりの温泉を提供しているという証拠は何もないけれど、それをホンモノかどうか確認する必要性を感じなかったのです。いわば日本の温泉は、経営者と利用者の「あうんの呼吸」によって成り立っていた。これもじつに日本人らしいところです。

これこそが〝温泉文化〟なのですね。日本の温泉文化は、はっきりわかっているだけでも六千年前の縄文時代から、文献では千三百年前の奈良時代から、じつに長い期間にわたって経営者と利用者とのあいだのあうんの呼吸の信頼の上に成り立ってきたのです。

たとえば企業どうしの関係も、いちいち契約書を交わさずに、あうんの呼吸でやっていくのが日本流。昨今の「グローバル・スタンダード」とやらに照らして、「これでは日本は世界と戦えない」と批判する向きもありますが、私はそういう日本人の精神性にも大きな価値があると思っています。

たしかに国際関係では通用しないかもしれないけれど、日本人どうしのコミュニケーションから「あうんの呼吸」が失われてもいいとは思いません。少なくとも、日本の誇る温泉文化ぐらいは、昔ながらの「あうんの呼吸」で維持していきたいものだと考えます。

ところがいまの温泉は、利用者が事前に「そちらの温泉は源泉一〇〇パーセントかけ流しですか？」「お湯を循環させていませんか？」などと確かめなければ信用できない状態になっている。これは日本人にとってとても悲しいことです。

実際、やむをえず旅館に電話してあれこれ質問しながら、そんなことをしている自分に嫌気が差すという人もいるでしょう。日本人ならば、温泉がホンモノかどうかを相手に訊くことに抵抗を感じても当然です。

十年前に「源泉かけ流し」か「循環風呂」かを、予約のときに宿に確認するよう本や講演で提唱しはじめたのですが、「お金を払うのは私だから確認するようにします」という人と、「訊くのイヤだわ。宿に悪いわよ」という人の境界が五十歳代だったことを、いまさらのように思い出します。

もちろん温泉のレベルというのは、単にお湯の質だけで決まるものではありません。見えないところもモラルをもってしっかりと管理し、ホンモノかどうかはあうんの呼吸でわかる。そういう日本人的な精神性も含めての、温泉文化なのです。

ですから、ただお湯の質が「ホンモノ」に戻ればいいという話ではありません。温泉経営者が本来のモラルを取り戻し、利用者との信頼関係が回復されたときにはじめて、日本の温泉文化が復活するのだと私は思います。

したがって、私は温泉法のハードルをもっと高めるべきだと主張してきましたが、本音をいえば、温泉経営者たちの自浄努力でやってもらいたかった。放っておけば、温泉はだれからも信用されなくなると感じたからです。そして実際、白骨温泉に始まった一連の温泉偽装、ニセ温泉騒動を契機に〝温泉ブーム〟に翳《かげ》りが見え出したのです。現に一部で〝温泉離れ〟が起きています。

それこそ「グローバル・スタンダード」で、アメリカ的な細かいルールを設けなければ温泉も成り立たなくなってしまうでしょう。アメリカ人は温泉にそれほど興味がないので放置されていますが、もし温泉経営に多国籍企業が参入しようという話になったら、「ホンモノの温泉」に対して厳密な定義が求められることになるはずです。

そんなことになったら、温泉は日本の文化ではなくなってしまいかねません。自然から生まれ、科学的に定義することがなかなか難しい温泉は、本来、法律で規制するようなものではないはずです。日本人が自分たちのよいところをあらためて思い出すためにも、温泉経営者には、みずから襟《えり》を正す姿勢を求めたいと思います。

そのための具体的な信頼回復の行動が、先に紹介した一つの温泉地まるごとの「源泉かけ流し宣言」です。その輪が広がってくれればと期待しているのですが……。

信頼を失うのは一瞬ですが、信頼を得るには膨大な時間が必要です。コツコツ時を紡《つむ》ぐよりほかありません。ぜひ、そうしたまじめな温泉を支援してください。

中途半端な情報開示に満足してはいけない

二〇〇五年（平成十七）五月、環境省はようやく重い腰を上げて、温泉法施行規則の一部改正に踏み切り、「温泉の利用に関する表示」を義務化しました。利用者にとっていちばんの関心事となっていた浴槽水の利用状況について、次の四項目を表示することが義務づけられたのです。

（1）加水している場合
（2）加温している場合
（3）温泉を循環・ろ過している場合
（4）入浴剤や殺菌剤などを添加している場合

これらの項目に該当したら、その旨と理由を表示しなければなりません。

とくに利用者の関心事である、循環・濾過《ろか》がされている場合、あるいは塩素系薬剤などが添加されている場合には、その理由とともにその旨が表示されなければ、三〇万円以下の罰金が科せられることになったのは大きな前進です。

ということは、私たち利用者が予約の際にこのような項目について尋ねた場合、宿側はきちんと答えることが義務になったわけです。源泉かけ流しの宿に泊まりたければ電話で確認することを常識としてください。私が十年前から提唱してきたことがようやく陽の目を見たわけです。

ですが、手放しで喜ぶわけにいかない欠陥がなおもあります。
（1）先ほどの四項目に該当する温泉施設は、その旨と理由を表示しなければならないのですが、それはまったくの自己申告である点です。保健所などが入浴施設をチェックしているわけではないということです。公共施設でも「川の水一〇〇パーセント」という驚愕ものの〝温泉〟施設がある御時世、温泉法なのですから、それなりの機関にチェックしてもらいたいものです。信頼は経営者側によって反故《ほご》にされたわけですから。

（2）温泉が単に温かい水であるというのであれば、いくら入浴好きの日本人とはいえ、銭湯よりはるかに料金の高い温泉に、しかも入湯税という税金（自治体に入る）まで納めて入らないでしょう。先に見たように温泉法での定義はあるとはいえ、一般には水道水を沸かした風呂にはない何らかの成分が温泉に含まれていると考えるからこそ、高い料金を払ってまで入るのでしょう。温泉（鉱泉）とは成分が含まれたものであることは世界共通の認識です。

ところが環境省によると、加水の事実を認め、その理由を明記すると、何十パーセント加水しようと許すというのです。「加水」という二文字のなかに、温泉が不足しているがゆえの加水率九九パーセントも、熱すぎるから多少、水で割る加水率一〇パーセントも同列に認めるわけです。

加水率九九パーセントは極端であっても、もともとその多くは微量な成分しか含まれていない（微量だから効かないというわけではない）温泉で、三〇パーセント以上も加水されていたら家庭の風呂となんら変わりないでしょう。

私は温泉法が一部改正される前の二〇〇四年（平成十六）に出版した『温泉教授が教える間違いだらけの温泉選び』（中経出版）の後半の「決定版 全国おすすめ温泉宿114」で、全一一四軒の宿の「源泉率」を表示しました。源泉率一〇〇パーセントは加水率〇パーセント、源泉率九八パーセントは加水率二パーセントということです。

さらには「換水の状況」、つまり一週間に浴槽のお湯を何回抜くかも表示しました。「源泉一〇〇パーセントかけ流し」の宿は毎回の換水が大半です。

こうした情報は『～間違いだらけの温泉選び』以降、『温泉旅館格付ガイド』（新潮社）にいたるまで、私の温泉案内本の基本となっています。私の例にならった本もときどき見かけるようになりました。このような利用者に必須の情報の有無を、しっかりチェックするようにしましょう。

さて、温泉情報のディスクロージャー（開示）がまがりなりにも一歩前進したのですが、四項目に関する表示が脱衣場になされていることは利用者にとって腹立たしいかぎりです。日帰り入浴施設では入浴料を払ったあと、宿泊の場合はチェックインして脱衣場で浴衣でも脱ぎながらでなければ、せっかくの情報開示が確認できないということなのです。いかにも開示しましたというお役所仕事です。

本来なら玄関先に掲示したり、パンフレット、ホームページなどにも表示することを指導すべきだと思いますが、残念ながら現状では、私が十年前から提唱してきたように電話かメールで確認するのがベストのようです。頼れるのは自分だけなのでしょうか。もちろん、宿の玄関先に「源泉かけ流し」の看板が掲示されていたり、パンフレット、ホームページなどに表示されている宿は信頼度が高いといえますね。

温泉業界は総じて、いかに情報を隠すかに腐心してきたように思います。行政のかかわり方もその体質を踏まえています。利用者はもっぱら宿側に都合のよい情報を鵜呑《うの》みにしてきたといえます。テレビや雑誌などを通じて伝えられる情報も然《しか》りです。

日本社会は大きく様変わりしつつあります。そんななかで、温泉業界ほど利用者の自己責任のウエートが大きな世界もめずらしいのでは、と私などは常日頃考えています。

だからといって怯《ひる》む必要はありません。それだけにおもしろい世界なのです。至福の宿を見つけたときの喜びはまた格別なのですから。私などはむしろファイトが湧きます。そのファイトで今日まで温泉にかかわってきたのですから。

第2章

こういう宿は要注意！——決定版・ホンモノの温泉の見分け方

「蔦温泉旅館」（青森・蔦温泉）

騙されたくなければ自衛するしかない

先ほどもすこしふれましたが、ここ数年の世相を見ていると、日本はすっかり他人を信用できない社会になってしまったように感じられて、溜め息が出てしまいます。いつ、どこで、だれが自分を騙そうとしているかわからない。それが現在の日本ではないでしょうか。

例のオレオレ詐欺（いまは「振り込め詐欺」と呼ぶようですが）の被害に遭う人は相変わらずあとを絶たないし、追突されて車を降りたら、ぶつけてきた相手に拉致《らち》されてしまったという事件もありました。子どもたちには「知らない人を見たら悪人だと思え」とでも教えないと、恐ろしくて一人で学校にも行かせられない状態。スーパーに買い出しに行けば、食品の産地表示すら信用できない。まったくもって、油断も隙もない世の中です。

そう考えると、温泉の世界でこんなにニセモノやマガイモノが出てくるようになったのも、世の流れに沿ったことなのかもしれません。むろん、だからといって許すわけにはいきませんが、騙されたくなければ自衛手段を講じる必要があるのは確かでしょう。

前章の終わりで述べたとおり、温泉業界には自浄努力を期待していますし、昔のように「あうんの呼吸」でホンモノの温泉を味わえる世の中になればいうことはありませんが、そうなるにはまだまだ時間がかかりそうですね。当面は、利用者自身が「ホンモノの温泉」の何たるかを知り、自分で見分けるしかありません。

そこで、ここからは「ホンモノ」を提供している温泉宿を見分けるコツを、いくつかのポイントに分けてお話ししていこうと思います。

もちろん、ホンモノかどうかは、最終的にはお湯そのものを味わってみなければわかりません。でも温泉というのは、湯船に浸かってから「これはニセモノだからお金を返せ」とはいえないもの。だから予約する前に「お宅は源泉一〇〇パーセントですか？」「お湯は循環させていますか？」などと確認しなければならないわけですが、そうするにしても、ある程度「ここは大丈夫そうだ」という見当をつけておきたいところです。

念のためいっておくと、これからあげるポイントは、どれも一概にはいえないものです。それに当てはまるからといって「ニセモノ」「マガイモノ」と決めつけることはできません。しかし、みなさんが行き先を絞り込むうえで、ある程度の目安になるとは思います。

また、それぞれのポイントに目を向けることによって、「ホンモノの温泉」とは何かを知る手がかりも得られるはずです。

雑誌やテレビの情報を鵜呑みにするな！

まず申し上げておきたいのは、「自分でホンモノを見分ける」ためには「自分の頭で考える」のが大切だということです。当たり前だと思うかもしれませんが、じつはそれが意外に難しい。それというのも、多くの温泉利用者が、テレビや雑誌などで見聞きした情報をアテにして宿泊先を決めているからです。

これは温泉に限った話ではありませんが、マスメディアによって伝えられる情報というのは、必ずしも全面的に信用できるものではありません。役に立つ情報もありますから全部が全部ウソだとはいいませんが、受け手側はいわれたことを鵜呑みにするのではなく、それが意味していることを自分の頭で考えて判断する必要があります。

たとえば雑誌の温泉特集記事やガイドブックのなかには、ほとんど自分たちで取材せず、集めた資料だけで誌面をつくっているものが少なくありません。しかもその資料というのは、過去に編集された別の雑誌や本だったりします。

さらに、その資料も別の雑誌や本を資料にしてつくられている。これでは、いったいだれが最初にその温泉宿を世の中に「オススメ」したのかわかりません。だれかがオススメしていたから自分もオススメする……というだけのことで、ふつう世間では、こういう話のことを「情報」ではなく「噂話」といいます。つまり編集者やライターからして、「自分の頭で考えて」はいないことが多いのです。

　テレビの情報番組も似たようなもの。スタッフがいろいろな温泉を比較したうえで、「オススメスポット」を選んでいるわけではありません。

　比較するにしても、彼らが重視するのは料理や部屋や建物などの「見た目」でしょう。テレビ映りのよいものを優先して紹介したがるのは、彼らの本能みたいなもの。より豪華できれいな温泉宿が、テレビでは求められています。目に見えないお湯の質なんか関係ないわけです。

　また、テレビの取材にはお金がかかりますから、経費の面でいろいろと便宜を図ってくれる宿のほうが紹介されやすいのは当然でしょう。「アゴアシつき」で取材させてくれる宿がありがたがられるわけで、要するにテレビの温泉情報は「宣伝」だと思って見なければいけないということです。

　たとえば、入浴した女性タレントが「お肌がツルツルになった～！」とはしゃいでいるのは、洗剤のコマーシャルで「泥んこのシャツも真っ白！」などといっているのと同じこと。

あの人たちはそれが仕事ですから、台本に書いてあれば何だっていうのです。「それくらいのことは心得ている」という人が多いでしょうが、先方もそこはプロ。いかにもほんとうらしく番組をつくってくる。それを眺めていると、頭ではウソだとわかっていながら、つい「行ってみたい」と思わされてしまうのがテレビのテレビたる所以《ゆえん》なのです。私などはテレビの温泉番組はショーとして見ることにしています。

温泉を自慢しない「温泉宿」はアヤシイと思え！

いずれにしても、テレビや雑誌で盛んに紹介されている温泉宿は、かえってアヤシイと思ったほうがいいでしょう。表面的なところを飾り立てることにばかり熱心で、いちばん大切な温泉自体を軽んじている可能性が高いからです。

その証拠に、テレビや雑誌の温泉紹介を見聞きしていると、取材を受けた宿の経営者が、自分の温泉の湯そのものを自慢していることはほとんどありません。胸を張って紹介しているのは、「旬の素材を活かした料理」（地場産か輸入物か不明）とか「展望露天風呂からの眺望」とか「雰囲気たっぷりのインテリア」とか、そんなものばかり。「温泉宿」であるからには「温泉」が最大の売り物であるはずなのに、その質の高さを誇らしげに語ろうとする経営者がめったにいない。

二〇〇四年の温泉偽装騒動の最中、週刊誌によってとんでもない温泉旅館が暴かれました。それは伊豆の伊東《いとう》にある一泊四万円もする全室露天風呂つきの、いかにも女性に媚《こ》びた名の宿です。開業当初から温泉がないにもかかわらず自家源泉の宿と称し、地元の保健所を騙し、テレビや女性誌の取材ラッシュのおかげで、四カ月先まで予約で埋まるという〝超〟話題のセレブの宿でした。私は一度も行ったことはなかったのですが、前々からアヤシイと睨《にら》んでいただけに、週刊誌の記事を見て溜飲《りゅういん》を下げたものでした。現地に行かなくても、メディアの取り上げ方を見ただけでアヤシイとわかる宿は結構あります。

料理や眺望やインテリアがどうでもいいといいたいわけではありません。それも温泉宿に泊まる楽しみの一つではあるでしょう。

でも、それらはどこまでいっても「脇役」です。映画やドラマでも、いくら脇役にずらりと名優をそろえたところで、主役の女優が大根役者では話にならないでしょう。温泉宿も、まずは主役の温泉がホンモノでなければ、どんなに豪華な雰囲気をつくりあげていても、利用客を真に楽しませることはできないはずです。素敵そうに見える脇役も、じつはマガイモノ、つまり見かけ倒しかもしれないと私は勘ぐることにしています。豪華に見える料理の食材が国籍不明のものではないかなど……。

それに、ほんとうに温泉が好きで、ホンモノのお湯を多くの人に味わってもらいたいと思っている経営者なら、まずは何よりも自分の宿で提供している温泉のすばらしさについて語りたくなるのではないでしょうか。そういう気持ちにならない経営者は、温泉そのものを愛していないか、自慢できるようなホンモノの温泉を提供していないかのどちらかと考えて間違いない。どちらにしても、「温泉宿」としては合格点をつけられません。

そんなわけですから、温泉宿をめぐるマスコミ情報には、その裏側まで考えながら接してほしいと思います。書いてあることだけではなく、「書かれていないこと」にこそ大切な情報が含まれているのが、テレビや雑誌というものだと心得てください。

もちろんテレビや雑誌はだれにとっても身近な情報源ですから、いっさい見るなとはいいません。でも、あまりそこから情報を仕入れすぎるのは考えもの。そこで頭でっかちになってしまうと、仮にそれによってホンモノの温泉にめぐり会えたとしても、行く前からその温泉宿のすばらしさを理解した気分になってしまうからです。

すると、「ああ雑誌に書いてあったとおりのよい宿だ」と頭で感動するだけで、自分自身の感性で素直に温泉を味わうことができません。たとえば一泊五万円の高級旅館に泊まるとなったら、予約した時点で満足してしまうということが、人間にはしばしばあります。「五万円も払うのだから、すばらしい思いができるに決まっている」と思い込んで、その価値を自分の肌で判断することをやめてしまうわけです。

しかし、それだけで感動していたのでは、単に事前に仕入れた情報を確認するための旅で終わってしまい、自分の心身をほんとうの意味で保養することにはならないでしょう。逆に一泊一万円以下の安宿でも、自分の感性でホンモノの温泉を心ゆくまで味わえば、すばらしい思いができるものです。

じつはこういう宿に、食材も地場産品、つまり「地産地消」に徹したところが多かったりするものです。私は団塊の世代こそ、こうした「ものの違いのわかる世代」だと期待しています。表面の華やかさや料金の高さだけで宿を選別するのでしたら、かつての「土地成金」の価値観と大差ないではありませんか。

ですから、宿を選ぶときは自分の頭で考え、現地に行ったら自分の心で、五感で味わうことが大切。それが、温泉旅行で失敗しないための基本的な心構えなのです。

「何のために温泉へ行くのか」を忘れてはいけない

実際、自分の頭では何も考えずに、ただ「みんなが行くから」という理由だけで温泉に足を運んでいる人は大勢います。私がそれを痛感させられたのは、数年前、有馬温泉を訪ねたときのことでした。

有馬温泉といえば、日本最古の温泉ともいわれている名門中の名門です。その有馬温泉の市営施設が、数年前、「金の湯」「銀の湯」という二つの浴場に分かれました。鎌倉時代から江戸時代にかけて、有馬温泉は「一の湯」と「二の湯」が背中合わせにあり、宿ごとに客がどちらを使うかが決まっていましたから、その意味では昔のスタイルに戻ったということができるでしょう。

私が訪れたのは、その「金の湯」のほうです。建物の前まで行って様子を見たとたん、私は自分の目を疑いました。ものすごい人数の客が、長々と行列をつくって順番を待っているではありませんか。それこそ遊園地のアトラクションを並んで待っているのと変わりません。ちょうど日曜日のことでしたし、有馬は伝統ある名湯ですから、人気があるのはわかります。しかし、それはまさに「観光地」にある「レジャー施設」の風景そのものでした。

そうやって炎天下、イライラしながら並んでいるだけでも「保養」という目的に反しているわけですが、さらに問題なのは、ようやく順番がまわってきたときに、肝心のお湯がどういう状態になっているかということです。

「金の湯」の浴槽は、そんなに大きなものではありません。一度に一〇人も入れば、手足も伸ばせないくらいの満員状態になってしまう。そんなサイズの浴槽に、次から次へと一日に二〇〇〇人以上の人が浸かるのですから、体から出る老廃物でお湯がどんどん汚れていくに決まっています。かけ流しにしているとはいえ、お湯が入れ替わるペースよりも汚れていくペースのほうがはるかに速いでしょう。

そうでなくとも、狭い浴場に押し込まれて、まだ順番を待っている人たちのことを気にしながら慌ただしくお湯に浸かっていたのでは、すこしもリラックスできません。私が見たところ、「金の湯」は湯船と洗い場を合わせても、多くて三〇人が「定員」です。それなのに、脱衣所にはロッカーが八八人ぶんもある。つまり施設サイドは、一度に八八人までは「入ってもオーケー」といっていることになります。

定員の三倍近い利用客を詰め込もうとしているわけで、これでは朝の通勤ラッシュと変わりません。この点については「金の湯」を設計した人たちにも猛省《もうせい》を促したいのですが、温泉は通勤電車などで溜まった日常的なストレスを癒すためにあるのですから、こんなに大勢の利用者を一度に受け入れたのでは本末転倒もいいところです。

それにしても、そういう温泉に入るために行列をつくっている人たちは、いったい何を考えながらそこで待っているのでしょうか。まともな想像力のある人なら、さんざん待たされた挙げ句に、自分がどのような目に遭うかを考えるはず。「これだけの人が浸かればお湯が汚れるにちがいない」「のんびりと温泉を味わう雰囲気ではないだろう」と思って、その行列を見たとたんに帰りたくなるのがふつうの感覚だと私には思えるのですが。

ところが現実には、多くの人が辛抱強く並んで待っている。数十分後に自分がどんなお湯に浸かることになるのか、想像もしていない。それは、何のために温泉に入るのかを「自分の頭」で考えていないからでしょう。「テレビで紹介されていたから、よい温泉にちがいない」――と思い込むのと同じように、「これだけ人気があるんだから楽しいはずだ」と思っているのではないですか。

そこには、自分なりの目的意識というものがありません。だから温泉を提供する側も、定員をはるかに上回る脱衣ロッカーを用意して平気でいられるわけで、利用者側がこのような態度を改めないかぎり、観光地化した温泉を健全な状態に戻すことはできないのではないでしょうか。

自然の湯の花を「汚い」と感じる歪んだ衛生観念は捨てよう

ですから温泉宿を選ぶときには、自分が「何のために温泉に入るのか」をしっかり考えなければいけません。何事も、目的がはっきりしていれば、そのための手段もおのずから見えてくるものです。

たとえば、温泉旅行に「大自然との一体感」のようなものを求める人は多いでしょう。温泉は自然の恵みですから、私たちはそれに浸かることで、ふだん忘れがちな「野性の感覚」を取り戻すことができます。そして、それは日常生活では得られない解放感を私たちにもたらしてくれる。都市で暮らす人々にとっては、最高の「保養」です。

それが旅行の目的ならば、通勤電車を思い出させるような温泉に入るわけにはいきません。観光地化していない、人里離れた温泉で自然を満喫しようとするはずです。

また、人工的な機械でお湯を循環させている温泉も、選択肢から真っ先に外れることになるでしょう。塩素で殺菌処理しているような温泉で、「野性の感覚」など得られるはずもないですからね。

ところが最近は、一方で「やっぱり自然がいちばん」などといいながら、人の手を加えていない自然のままの温泉を敬遠する人がいるのですから、いったい何を考えているのかわかりません。源泉を一〇〇パーセント使ってかけ流しにしているホンモノの温泉を見て、「お湯が汚い」などと平然というのです。

たしかに、地下から湧出したホンモノの温泉には、透明ではないものもあります。鉄分によって赤茶色になっているものもあれば、ミルクのような乳白色の硫化水素泉、あるいは湯の花が浮かんでいるものもあります。でも、それは温泉が自然のままに「生きている」証拠。だからこそ、ホンモノの温泉は私たちに野性の感覚を与えてくれるのではないでしょうか。

そんな自然の「色合い」あるいは「風合い」と呼ぶべきものが「汚れ」に見えてしまうのは、日本人が「人工的な清潔さ」に慣れすぎた結果にちがいありません。やたらと抗菌グッズのようなものが売れることからもわかるとおり、いまは「科学の力」による清潔さを求める人がふえました。いわゆる「清潔ブーム」というやつです。ですが、それは所詮《しょせん》、人工的な化学薬品なのです。なかには肌にダメージを与えかねないものもあります。

塩素殺菌の循環風呂がふえたのは、その影響もあるかもしれません。科学的な方法で管理された「清潔さ」が過信されているのです。

だから、じつは人間の老廃物やレジオネラ菌で汚染されているにもかかわらず、透明な見た目だけで安心してしまう。そして、人の手で透明にされたお湯こそが「清潔」だと勘違いして、自然のままの源泉を「不潔」だと感じてしまうのです。そうやって間違ったかたちで「清潔さ」にこだわる反面、どう考えても汚れているとしか思えない温泉に入るために行列をつくっているのですから、日本人の衛生観念というのはどこか歪んでいるとしか思えません。自分自身の感性、五感でホンモノの温泉の匂い、色などを見分ける力を失ってしまったのでしょう。

人工的な清潔感からの脱却

温泉に入る目的は人それぞれでしょう。ですが、人工物がこれほどあふれた日常生活から離れて、天与の恵みに浸かりたいという願いは、日本人に共通したものにちがいありません。温泉は地球がまるごと沸かしてくれたクリーンなエネルギーです。その自然そのものの温泉からパワーをいただくのです。

別の章で温泉の科学的、医学的意味についてもふれますが、温泉に浸かったときの恍惚感《こうこつかん》だけでも十分に価値があります。温泉に浸かっただけで疲れがとれた気がします。実際にはとれた気ではなく、医学的にとれているのですが、薬では得られない本物の爽快感は日本人ならだれしも感じるところです。しかもそれは自然度の高い、そう、人工的でない温泉ほど私たちの五感に強く訴えてくるはずです。

日本人は露天風呂が大好きです。それは、日本人は自然が好きだからです。生活が便利になれば幸福につながる。そのための手段、ツールとしてさまざまな人工物を、ときには科学的と称してつくってきました。自然はその対極にあると私たちは考えています。人工物に囲まれながら疲弊している私たちを癒してくれるのが、また自然であると考えています。

露天風呂願望は、家庭風呂にないものだからではなく、屋外のより自然に近いところにあることによってもたらされたのです。露天風呂に浸かることは、イコール自然に抱かれること、自然の風景の一部になりきることにちがいありません。露天風呂の解放感は、私たち自身の解放感なのでしょう。「露天風呂＝自然＝癒される」——こんな図式が日本人のＤＮＡに刷り込まれてきたのでしょう。

だとしたら、人工的に清潔であることは癒しには結びつきません。塩素という化学薬品で無菌状態にされた温泉に入るということは、まさに人工的なものにどっぷり浸かることにほかならないわけです。温泉が本来もつ役割と乖離《かいり》することになります。次々と湧き出てくる鮮度の高い温泉が秘めた殺菌力のほうが、よほど清潔だと私は信じています。

人間がつくり出した化学薬品漬けの風呂に浸かることが清潔で健康的なことなのか、それがほんとうに癒しや恍惚感をもたらしてくれるのか。その塩素は無菌状態を維持する代わりに、皮膚のエイジング（老化）をもたらしたり、アトピー性皮膚炎を悪化させたり、発ガン性物質を生み出したり……。これを本末転倒というのです。

世代を問わず、違いのわかる人には、真の悦楽《えつらく》はどのような温泉から得られるのか、どのような温泉が私たちの疲弊した五感を再生し、それが心身を若返らせてくれるのか、ぜひ確認してもらいたいのです。人によって当然、温泉選びの違いがあって然るべきなのに、料金の違いくらいしかその選び方に相違がないというのでは、すこし寂しい気がしますね。

ともあれ、温泉は「科学の力」がもたらす人工的な清潔さを求めるものではなく、「自然の力」によって疲れた心をきれいに洗うための場所です。そのことさえ踏まえていれば、何がホンモノで何がマガイモノかは明らかなのではないでしょうか。

日本人がこれほど入浴好き、温泉好きなのは、『おとなの温泉旅行術』の第二章「日本人にとって温泉とは何か」に書いたように「禊《みそぎ》の精神」に行き着きます。禊に対して人工的なものでは相容れませんよね。

露天風呂が「自然のまま」だと思ったら大間違い！

いまもふれましたが、青空や星空の下、周囲の山や海などを眺めながら浸かる露天風呂は、まさに野趣《やしゅ》満点。そもそも天然の温泉は人間が建物をつくる前からそこに湧いていたわけですから、最初はすべて「露天」でした。だからこそ露天風呂に「野性」を感じ、それがある温泉宿を選ぶ人が多いのだと思います。

ですから、ここで私が「露天風呂には要注意！」などといったら、たいていの人がビックリするにちがいありません。温泉は自然の恵みだと何度も強調しておきながら、自然そのものともいえる露天風呂を否定するとは何事か、というわけです。

しかし私は現実に、めったに露天風呂には入りません。宿を選ぶときに露天風呂があるのを条件にすることはありませんし、たまたま内風呂と露天風呂の両方があったとしても、五回のうち四回は内風呂のみに入ります。露天風呂に入るのは、よほど時間のあるときか、その露天風呂にホンモノとしての価値があるときだけ。逆にいえば、わざわざ入るだけの価値がある露天風呂は少ないということにほかなりません。

露天風呂こそがホンモノであり、温泉の醍醐味だと思っている人には、意外に思えるでしょう。しかしこれはほんとうのことですし、それにはもちろん理由があります。

たしかに温泉は地下から自然に湧き出してくるものですから、本来は「露天」だったでしょう。でも、だからといって温泉宿にある露天風呂が自然状態の温泉だということにはなりません。その大部分は、あとからつくった「人工的」な露天風呂です。

もともと、露天風呂は昔からこんなに人気があったわけではありません。いまのような〝露天風呂ブーム〟が始まったのは、昭和六十年前後のことだったでしょうか。

旅館、ホテルは競うように露天風呂をつくりはじめたのです。それ以前は内風呂しかもたない宿のほうがふつうだったのです。

「はい、山田屋旅館でございます」

「お宅に露天風呂はありますか？」

「申し訳ございません。ウチにはありません」

「ガチャン（電話を切る音）」

こんな会話が日本中の温泉旅館の予約受付電話で交わされていました。露天風呂がなければ客を取れなくなってしまったのです。

ということは、あとからつくられた露天風呂がどんなものになるか見当がつくでしょう。

宿が使える湯量には限りがあります。そして、宿としてはなるべく多くの人に利用してもらいたいので、その湯量を目一杯、使おうとする。最初に温泉宿を建てた時点で、仮に湯量がコップ一杯ぶんあれば、コップ一杯ぶんの内風呂をつくるでしょう。その段階では、将来、露天風呂をつくることなど想定していません。

ですから、利用客のニーズに応えて新たに露天風呂をつくれば、内風呂の規模を縮小しないかぎり、お湯は足りなくなる。高度成長期の温泉観光地が、団体客を受け入れるために湯船を大きくしたときと同じことです。

あのときは水道水を加えたり、循環風呂にしたりすることでお湯不足を補いましたが、新しくつくられた露天風呂の場合は、内風呂の廃湯をまわしてカバーしているケースが少なくありません。もちろん、水道水を大量に混ぜているところもあります。

いずれにしろ、「自然そのもの」のお湯でもなんでもないことが決して少なくないのです。

あえて露天風呂のないプロの宿を選べ！

しかも、経営者にとってはあくまでも内風呂がメインなので、露天風呂は扱いが悪くなりやすいのが実情。たとえば、浴槽の掃除も手抜きになりがちです。内風呂のお湯を抜いて掃除するのが週に一度だとすれば、露天風呂は二週間に一度くらいのペースだと思って間違いないでしょう。

よく、露天風呂で「足下が滑りやすいのでご注意ください」という貼り紙や立て札を目にしますが、私にいわせれば、あれも掃除を怠けている証拠です。内風呂の廃湯には人間の老廃物が溶け込んでいますし、露天風呂の場合は、どうしても太陽光線を浴びたり、花粉や土埃などが飛んできますから、お湯が劣化しヌルヌルとしやすいのです。が、たとえそうだとしても、毎日、お湯を抜いて掃除をしていれば、滑りやすくなるはずがないのです。そんな露天風呂に足下に気をつけながら入るより、内風呂に入ったほうがはるかに無難というものです。

それに、あとから新しくつくられた露天風呂というのは、たいがい高い柵で囲われていて、「自然との一体感」を味わえない場合が多いことはみなさんもお気づきでしょう。外から裸で入浴しているところを見られないよう、「目隠し」がしてあるのです。

でも、これは入浴している人にとっても「目隠し」になってしまう。まあ、たしかに見上げれば空が広がっているので「露天」にはちがいありませんが、囲いがあるせいで、周囲の景色を存分に楽しめないところが多いのではないですか。これでは自然との一体感が持ち味の露天の本来の意味がなくなってしまいます。ここにも利用者が求めているものとの乖離があり、本末転倒ということになるでしょう。

一方、昔から露天風呂のある宿は、そのようなことがありません。湯量はもちろん、敷地も余っているからこそ露天風呂をつくるわけで、その場合は、わざわざ囲いや屋根掛けで目隠しをしなくても外や頭上の部屋から見られる心配などないのです。あっても女性風呂を最小限守る囲いくらいです。

自然と一体になりたいなら、そういう露天風呂を選ばなければ意味がない。新しい露天風呂でも囲いのないところはありますが、その場合は風呂そのものが高いビルの屋上にあったりします。景色はいいかもしれませんが、はたして近代的な高層ビルの屋上でほんとうに「自然との一体感」を味わえるものでしょうか。そのあたりのことも、じっくり考えてみる必要があるでしょう。屋上に風呂があるということは、湯をポンプで上げて、しかもタンクに溜めますから、そうした露天風呂は間違いなく、湯を何日も換えない循環風呂です。レジオネラ菌がタンク内で増殖するリスクもあります。

いずれにしろ、最初から湯量や敷地に余裕があって露天風呂を設けた宿ならともかく、昨今のブームに便乗するために露天風呂を新設したような宿は、その経営方針自体に問題があると私は思います。お金儲けが第一で、「ホンモノの温泉を味わってほしい」という思いをどこかに置き忘れている可能性がある。むしろ、これだけだれもが露天風呂を求める時代であるにもかかわらず、あえてそれをつくらない経営者のほうが信用できるのではないでしょうか。

先ほどの電話予約のやりとりにあったように、「露天風呂がなければ温泉じゃない」と思っている人も多いのです。「露天風呂はありますか？」という問い合わせに対して、「ありません」と答えれば、せっかくのビジネスチャンスをみすみす取り逃がすことになるのですから、経営者としてはつらいところ。収益のことを考えれば、お湯の質は落としてでも露天風呂をつくりたくなる気持ちもわからなくはありません。

その誘惑に抗《あらが》って内風呂だけでやっている経営者には、相当な覚悟と哲学があるにちがいありません。ほんとうに温泉を愛しているからこそ、お湯の質は落としたくない。だから客にガッカリされても露天風呂をつくらないわけで、こういう宿はきっと手間暇かけて内風呂をすばらしいものに仕上げていると思うのです。

ホンモノの温泉に入りたいなら、そういうプライドをもって仕事をしているプロが経営する宿を見つけたいものです。その意味では、「あえて露天風呂のない宿を探す」のも、温泉

名宿「蔦温泉旅館」の外観（上）と浴場（下）

を選ぶうえで一つのポイントになろうかと思います。

この意識の切り替えは結構難しいでしょうが、十和田湖に近いブナの原生林のなかの一軒宿「蔦《つた》温泉旅館」のように露天風呂をもたない名宿はあります。

公共温泉は利用者への「迎合度」が高すぎる！

そもそも高度成長期に温泉がダメになったのは、世間のニーズに迎合して経営者が「節を曲げた」ことが大きな原因でした。

もちろん、どんな商売も顧客のニーズに耳を傾けることを忘れてはいけません。しかし間違ったニーズにまで応えていると、みずから首を絞めることになります。ただ金儲けのために、客が求めるものをなんでもかんでも提供すればいいというのでは、何のために自分がその商売を始めたのかわかりません。お金儲けだけが目的なら、売り物は「温泉」である必要はないのです。

しかし温泉経営者は、さまざまな商品やサービスがあるなかで、あえて温泉を選んでビジネスにしている。それならば、「ホンモノの温泉はかくあるべし」といった理念や哲学、あるいは温泉文化の一端を担っているという自負心をもって然るべきです。

そしてその基本的な理念は、どんなに客から不満が出ようが曲げてはいけない。逆に、間違ったニーズを正すよう世の人々を啓蒙することも、経営者としての責任ではないでしょうか。

ところが実際には、利用者に迎合して露天風呂をつくり、平気でお湯の質を落としている経営者が大勢いる。とくに利用者への「迎合度」が高いのは、この二十年のあいだに一気にふえた公共温泉なるものです。

一九八九年、全国の市町村に一律一億円を交付した竹下内閣の「ふるさと創生事業」をきっかけにして、地方自治体の温泉事業が一気に拡大していきました。財政再建が叫ばれ、公共事業の無駄遣いが批判されるなかで、公共の温泉施設だけはたいした反対も受けずに次から次へとつくられてきたのです。

ある意味では、これも日本の温泉文化のなせる業《わざ》だということもできるでしょう。しかし、そこで提供されている温泉は、およそホンモノとは呼べないものばかり。無理やり地下の深いところから掘り出しているケースも多いので、当然ながら湯量が十分ではなく、それを補うために循環式にしている施設がほとんどです。

そのうえ、集客力を高めるために、余計なものをいろいろと設《しつら》えている。いや、温泉そのものが自慢できるレベルではないので、そうでもしないと人が来てくれないとわかっているのでしょう。そういう公共温泉には、必ずといっていいほど露天風呂・ジャグジー・シャワーの「三点セット」がそろっています。いや、「サウナ」を加えた「四点セット」の公共の温泉センターもめずらしくありません。

露天風呂と同様、私がジャグジーやシャワーを「余計なもの」扱いするのを意外に感じる人が多いかもしれません。必要だと思う人が多いからこそ、公共温泉にはそれが用意されているわけですから、自分が少数派であることはわかっています。

でも私にいわせれば、こんなものはどちらも温泉施設に必要ありません。むしろ、ホンモノの温泉文化にとっての「敵」でしかないと思っています。その理由を、次にお話しすることにしましょう。

ジャグジーに入るのは「塩素浴」をしているようなものだ！

まず、ジャグジー、あるいはバイブラバス。いわゆる「泡風呂」のことで、噴出する泡を腰のあたりで浴びると気持ちがいいので、お好きな人も多いと思います。

でも私は、これが大嫌い。好き嫌いは個人の趣味ですから他人のことはとやかくいいたく

箱根・玉緒瀧湯の繍図（部分）

ありませんが、もともと日本の温泉文化に泡風呂なんてものはありません。すべて昔に戻すことがよいとはいえないものの、こういう西洋のスタイルを安易に取り入れる姿勢が、わが国のまぎれもない個性である温泉文化を衰退させる要因になっていることも確かでしょう。日本の温泉の場合、マッサージ効果をねらった工夫として昔からあるのは、泡風呂ではなく「打たせ湯」です。

打たせ湯は江戸時代には「滝湯」と呼ばれ、当時、江戸っ子に大人気だった〝箱根七湯〟（湯本《ゆもと》、塔之澤《とうのさわ》、宮ノ下《みやのした》、堂ヶ嶋《どうがしま》、底倉《そこくら》、木賀《きが》、芦之湯《あしのゆ》）の宿は、競うように滝湯を設えて客を呼び込んだものです。

ところが、現在は循環風呂が一般化したたせいで、この打たせ湯も危険なものになってしまいました。お湯がレジオネラ菌で汚染されている場合、打たせ湯が人体に及ぼす危険性は、湯船に溜めたお湯の比ではありません。上からバシャバシャとお湯を浴びるため、菌を含んだ飛沫《しぶき》を鼻や口から直接吸引してしまう危険性が高いのです。

そのため私は、以前から「循環風呂での打たせ湯やジャグジー、バイブラバスを禁止すべきだ」と主張してきました。その甲斐あってか、最近は公共の温泉で打たせ湯を中止するところがふえてきたようです。しかし、ジャグジーはなかなかなくなりません。泡風呂は、打たせ湯と同等かそれ以上に、レジオネラ菌を口や鼻から吸引してしまう可能性が高いにもかかわらず、です。

打たせ湯にしろジャグジーにしろ、「塩素で殺菌しているから大丈夫」と考える人もいるでしょうね。でも、その殺菌が十分ではないから入浴客が命を落とすような事件が頻発するわけで、百歩譲ってレジオネラ菌が退治できていたとしても、そのためにどれだけの塩素が投入されているかを想像してみてください。

循環風呂には、飲み水として使われる水道水よりもはるかに大量の塩素が使われています。死亡事件以降、厚生労働省は温泉業者に対してとにかく「塩素を入れろ」と指導していますから、水泳用のプール並みか、ときには温泉（とくにジャグジー、バイブラ）のほうが塩素濃度が高いと思っておいていいでしょう。そんなプールのような高濃度の塩素ガスを吸引すれば、仮にレジオネラ菌がいなくても体に毒なのはいうまでもありませんね。

とくにジャグジーの場合は、ふつうの浴槽よりも狭いスペースに、たくさんの人が入れ替わり立ち替わり入ります。塩素は人体に付着して出ていってしまうので、殺菌のためにはどんどん足さなければなりません。

しかも大半の温泉施設には薬剤の専門家などいませんから、パートのおじさん、おばさんや学生アルバイトなどの素人が濃度のことなど考えずに塩素を投げ入れているのが実情です。国は塩素に関して「最低これ以上は入れるように」という基準を示すだけで、上限は設けていませんから、いくら入れても文句はいわれない。そんなジャグジーに浸かるのは、「入浴」ではなく「塩素浴」をするようなものなのです。私はこのような風呂を「塩素泉」と呼んでいます。

ガス化した塩素が放つ発ガン性物質

何より怖いのは、ジャグジーの場合、ブクブクと泡を立てることによって、塩素が揮発《きはつ》しやすいこと。お湯が鼻や口に入らないよう注意していても、ガス化した塩素は呼吸をすれば体内に吸引されます。そのガスのなかには、トリハロメタンという有毒物質も含まれているかもしれません。

トリハロメタンとは、取水した川水のなかに含まれているアンモニアと塩素が反応してできる有害物質のことで、動物実験では肺ガンや腫瘍《しゅよう》の原因になることが明らかになっています。そのため三十年ほど前から、水道水に含まれているトリハロメタンが世界的に問題視されるようになりました。私は『これは、温泉ではない』のなかで、次のように書きました。

温泉も地中を通って湧き出てくるものだから、当然地中のアンモニアをわずかだが含んでいる。だからこれに塩素を投与することは、トリハロメタン発生の可能性がある。私が塩素の温泉への使用に反対する理由のひとつは、このトリハロメタンである。しかも湯を沸かすと、トリハロメタンは気化して浴室に充満する。水道水を沸かした家庭の風呂でさえある程度のリスクがあるのだ。循環風呂で塩素を入れて加温すればどういうことになるか、ご想像いただきたい。

さらにもうひとつは、温泉にはさまざまな成分が含まれている。温泉の効能を表すのは、この成分である。そこに塩素という化学物質を投入すれば、当然何らかの反応を起こす。しかしこれが実は、あまりよく分かっていないのである。厚生労働省の指針にも、その可能性は指摘されているが、「事前に充分な調査をする必要があります」とするのみである。

危険性を指摘しながらそれを具体的に示さないのもひどい話だが、それも無理からぬことで、温泉に含まれる成分というのは百の温泉があれば百通りあると考えねばならないからだ。つまり結果はよく分からないが、とにかくレジオネラ菌を殺さねばならないから取りあえず塩素を入れなさいというのが現状なのである。

人間がふつう塩素臭（カルキ臭）を感じる濃度は3・5ppmだといわれています。脱衣場で服を脱ぎ浴室の戸を開けた瞬間、鼻につく塩素臭はこの数字を超えていることになります。0・5ppmを超える濃度の塩素は、人間の粘膜に重大なダメージを与えると警告する医学者もようやく出てきました。

「温泉でアトピーが治った」「いやかえって悪化してしまった」という相反する話をよく耳にします。水道水（家庭風呂）の数倍もの塩素が混入されているような（温泉）循環風呂に浸かっては、効くはずの温泉であってもアトピーの症状が悪化するのは当然でしょう。

アトピー性皮膚炎を患《わずら》っていなくても、とくに敏感肌の人は肌荒れを生じることが多いようです。この種の温泉に一日二、三軒はしごするとテキメンに反応が出る女性を私は何人も知っています。

「温泉に入ると肌がスベスベになる」との記憶が古来、日本人のＤＮＡに刷り込まれているので、肌荒れの原因を温泉に求めていないだけではありませんか。とくに子どもの肌は正直で、マガイモノの温泉に浸かると、すぐ赤くなったり、かゆくなります。腰がかゆくなるのは温泉だからではありません。逆にホンモノの極上湯に浸かると、穏やかにゆったり入っているとの声を、若いお父さん、お母さんからよく聞きますよ。

宿選びは料理、設備あるいは雰囲気だけではないことがだんだん理解できてきたと思います。違いのわかる人は、まず温泉ありきから始め、さらに料理なり接客なりを求めていくのが王道だと考えます。あなたにふさわしい温泉、料理、雰囲気の三拍子そろった日本の宿はまだ多いんですよ。

飲むより浴びるほうが危険

女性のためにもうすこし塩素の害についてふれておきます。

かつて医学が発達していなかった時代、温泉場は病気を治癒するところでした。〝湯治〟は日本の治癒史に大きな役割を果たしましたし、現在もお年寄りだけでなく若い女性たちのあいだで伝統的な湯治を短期で行うこと（プチ湯治）が静かなブームになっています。東北の鳴子《なるこ》（宮城県）、いわき湯本《ゆもと》（福島県）、中国地方の湯原《ゆばら》（岡山県）などの温泉地では〝現代湯治〟に対応すべくさまざまな試みを開始しています。

温泉が効くのは、そこに含まれているいろいろな成分――地球がまるごと沸かしてくれた〝特効薬〟と呼んでもいい――が、おもに皮膚から体内に吸収されるためです。が、もちろん循環風呂に入ると、殺菌のために混入されている塩素もしっかり体内に吸収されるわけです。

じつは塩素の混入された水は、飲むより浴びるほうがはるかに体内に吸収されます。アメリカでは早くから水道水に塩素を使用してきたため、塩素の人体に及ぼす害の研究もよくされています。ちなみに日本の水道に塩素が導入されたのは戦後のこと。田舎では昭和三、四十年代まで井戸水を使用していたので、日本で塩素使用の歴史はせいぜい半世紀といっていいでしょう。

アメリカの科学者は次のように報告しています。

「シャワーや風呂をとおして浴びる化学物質の量は、水道水を飲むより六倍から一〇〇倍多い。十五分間シャワーを出して検査した結果、呼吸によって吸収される揮発性汚染物質の量は、一リットルの水を飲んだときに摂取される量と同じだった」（「サイエンスニューズ」１３０号）

水道水を加熱すると発ガン性物質トリハロメタンは、沸点《ふってん》に達するまでに三、四倍にも増量されます。家庭風呂のシャワーでも、循環型の温泉浴場でも、私たちは湯気からもトリハロメタンをはじめとする有害物質を呼吸器を通して体内に取り入れています。それが先ほどのシャワーの危険性を指摘するアメリカの報告です。

ちなみに塩素風呂に入浴すると、その吸収率はもっとも少ない腕で八パーセント、睾丸《こうがん》の周りなど皮膚の柔らかい部分では一〇〇パーセントといわれています。

いかがでしょう。それでもあなたは「塩素漬けジャグジーのある温泉施設」に行きたいと思いますか。私は二十年以上、ジャグジー浴をしたことはありません。

「湯煙のない浴室」はマガイモノのシグナルだ！

ちなみに、大量の塩素を投入している温泉施設というのは、浴室に「湯煙」がないのが一つの特徴です。ふつう温泉といえば、外気温が低くなる季節には隣で浸かっている人の顔が見えないくらい、盛大に湯煙が立ち込めているもの。いかにも温泉らしい風情《ふぜい》の一つとして、これは欠かせないものでしょう。その湯煙が見られないのは、気分的にも味気ないものです。

なぜ塩素で湯煙が消えるかというと、理由は二つ。一つは、塩素による化学反応などで本来の成分が殺されてしまい、温泉の濃厚さが失われていることです。

温泉の湯煙というのは、単なる「湯気」ではありません。そこには硫黄やラジウムなどの成分も含まれており、だからこそ家庭の風呂や銭湯とは違う濃い湯煙になるのです。したがって温泉の効能というのは、肌からだけでなく、成分を含んだ湯煙を吸い込むことでも得られるわけですが、塩素を使った循環風呂ではそれも台無し。気分的に寂しいばかりか、体への効能の面でも、「温泉らしさ」が奪われていることになります。

さて、それでは湯煙が消えてしまうもう一つの理由は何か。じつに単純明快な話ですが、それは「換気扇」の存在にほかなりません。

先ほども述べたとおり、お湯に含まれた塩素は肌に付着するだけでなく、ガス化して浴室内にも充満します。温泉本来の成分と違って、こちらは吸い込めば体に悪い。施設を提供する側もそれがわかっているから、浴室に換気扇をつけて塩素ガスを外に追い出し、事故を防ごうとしているのです。とくに温泉に大量のアンモニアが含まれていると塩素が反応して危険な状態になります。実際に倒れた例も知っています。

換気扇をつけないで充満した塩素を放っておくよりはマシといえばマシともいえるでしょう。しかし結果的には、それによって「ここは危険な塩素を大量に使っています」と告白しているのと同じこと。冬なのに湯煙のない浴室は、マガイモノの温泉が発しているシグナルだと心得てください。

それと同じ意味で、浴室にズラリと並んだシャワーもまた、マガイモノ温泉からの「警戒信号」だと私は理解しています。

というのも、温泉はそこに含まれている成分が命ですから、出る前にそれを洗い流したのでは十分な効果が得られません。びしょ濡れのまま上がるわけにもいきませんが、軽く水分を拭き取って、あとは脱衣場での自然乾燥にまかせるのがいちばんです。

しかし塩素が投入された循環風呂でそれをやったら、むしろ逆効果。肌に残された塩素がせっかくの美肌にダメージを与えかねないからです。とくにアトピー性皮膚炎の人は避けてください。だからこそ、そういう温泉施設にはシャワーが用意されているのです。

「ここはマガイモノの温泉ですから、ちゃんとシャワーで塩素を洗い流してからお帰りください」という経営者からのメッセージがこめられていると見るべきかもしれませんね。

温泉にシャワーなんかいらない！

もっとも、いまのは私がかなり皮肉をこめていっていることで、実際には、マガイモノの温泉経営者がそこまで考えてシャワーを設置しているとはとうてい思えません。むしろ、これはジャグジーと同様、利用者のニーズに応えた結果でしょう。

この本の読者のなかにも、「温泉にシャワーがないと困る」という人は多いと思います。いつの間にか、日本人は風呂でシャワーを浴びるのが当たり前という生活習慣を身につけました。いまは、どこの家庭でも風呂場にはシャワーがある。ほとんど入浴はせず、シャワーだけですませるのが日常になっている人も少なくないはずです。だから温泉に行ったときも、シャワーがないと、どうやって頭や体を洗ったらいいものか戸惑ってしまう……。

一方で、欧米化した食生活と、風呂に浸からず家庭ではもっぱらシャワーですます生活が、日本人の低体温化を加速させるという深刻な問題を引き起こしています。

あらためていうまでもなく、シャワーというのは西洋の生活習慣です。欧米社会のバスルームは「洗い流す文化」に支配された場所ですから、汚れた体をきれいにするにはシャワーだけあれば事足りる。ホテルの浴槽が狭くて浅いのも、そのためです。あれは汚れを洗い流すためのものであって、体を浸してくつろぐためのものではありません。

それに対して、日本人は大昔から「浸かる文化」を育んできました。風呂場は単に体の汚れを洗うだけの場所ではなく、ゆっくりとお湯に浸かって「心を洗う」場所でもあります。前著『おとなの温泉旅行術』でも説明したので、ここではくわしくお話ししませんが、かつてはそこに「禊」という宗教的な意味合いもありました。

それが日本の風呂というものであり、温泉はその代表です。そこに豊かな天然成分が含まれていることを考えれば、家庭の風呂よりも「心を洗う」のに適した場所だといえるでしょう。体の汚れを「洗い流す」のではなく、心を洗うためにゆっくりと湯に浸かることが、温泉の本質的な目的です。

だとすれば、そこにシャワーは必要ありません。シャンプーやリンスで髪の毛を洗う必要もない。そんなことは家庭の風呂で十分にできるのですから、わざわざ温泉地でやることもないでしょう。

前にも申し上げましたが、温泉旅行というのは保養のために「非日常」を味わうのが最大の眼目です。シャンプーのような日常的な行為をするために、安くない代金を払って温泉地に出かけるのは、賢い人のやることではありません。それに、たとえ一日や二日くらいシャンプーをしなかったからといって、そんなに不潔になるものでもないでしょう。だったら、せめて温泉に来たときくらいは日常的な「生活」を忘れてお湯をじっくり味わえばいいじゃないか、と私などは思うのです。

ところが、これも「清潔ブーム」の一端なのかもしれませんが、いまは温泉でも家庭の風呂と同じように体を洗い、シャンプーをしないと気がすまない人がふえました。とくに女性には、「シャワーのない温泉なんか行きたくない」という人が多いようです。いまや温泉旅行の主役は女性ですから、そういわれてしまうと、経営者としてもシャワーを設置せざるをえません。高度成長期は男性が主役の団体旅行が温泉をダメにしましたが、いまはシャワーを求める女性が温泉をダメにしようとしているといっても過言ではないでしょう。

逆にいえば、あえて露天風呂をつくらない経営者に見所があるのと同様、これだけ女性のニーズが高いシャワーを設置していない温泉経営者は、「ホンモノ」へのこだわりがあると見ていい。いまどきシャワーがいっさいない温泉はめったにないでしょうが、シャワーの数が「ちょっと足りないな」くらいの宿はあるでしょう。だとすれば、それは経営者が西洋的な「洗い流す文化」を重視していない証拠ですから、むしろ歓迎しなければいけませんね。

シャワーがないのは不親切さの表れではなく、「ウチは湯船に浸かってもらうだけで十分に満足させられる」という、自信の表れなのです。

私は週に十数回も温泉に入る生活をしていますが、よほどのことがないかぎり温泉で体や頭を洗いません。この表現は適切ではないかもしれませんね。化学薬品である石鹸やシャンプーでは洗わないことにしています。

もともと温泉浴は家庭での入浴より皮脂《ひし》の汚れが落ちやすいのに、そのうえ石鹸で洗い流しては、逆に角質にダメージを与えかねません。女性にとってはしっとりした肌が温泉の目的の一つであるのに、乾燥肌になってしまうのです。

湧き立ての新鮮な温泉は殺菌力にも優れ、何度か湯船に浸かるうちに汚れた皮脂は自然に流れてしまうものです。むしろ洗い流すべきは心の汚れではなかったでしょうか。ホンモノの温泉と雰囲気のよい風呂場であれば、心の汚れは知らぬ間に流してくれます。それが癒しであり、新たなエネルギーが得られるはずです。温泉とは本来、非日常の空間です。日常と同じように風呂場でせわしくくしていては、日常の延長線上でしかなくなります。

新鮮な温泉がどんどん湯船からオーバーフローされている風呂では、桶で温泉を汲み頭に何杯もかけてみましょう。私は二、三回に分けて一〇〇杯以上かぶり湯をします。

とくにアルカリ性が強い温泉は爽快ですね。シャンプーは汚れを落としてくれますが化学薬品ですから、人によってはフケが出やすくなるなど少なからぬダメージを与えます。温泉に来たときくらいはシャンプーを使わずに天然水である温泉をかぶり、その成分を頭皮から吸収してみませんか。もちろん殺菌力もありますし、天然のハーブですから首筋から肩にかけてスーッとして疲れがとれます。ウソみたいな話ですが、かぶり湯をするようになってから私はめっきり白髪が減り、理髪店でも驚かれるくらいなのです。

昔からかぶり湯は入浴の基本でした。江戸時代以来、人々はのぼせ防止のために、歌を唄いながら二、三〇〇杯もかけたものです。

鳥取県岩井《いわい》温泉では歌を唄いながら湯をかぶる「ゆかむり」の奇習が伝わっているほどです。現在も温泉街にある、建て替えられたばかりの源泉かけ流しの共同浴場の名は「ゆかむり温泉」といいます。

岩井温泉の共同浴場「ゆかむり温泉」の外観（上）と浴場（下）

屋上に運ばれたお湯は劣化している！

結局のところ、いまは「文明的なもの」が本来の温泉らしさを損なっていることが多いと思っておいたほうがいいでしょう。ジャグジーやシャワーというのは、どちらもいわば「文明の利器」であって、その意味では温泉の本質である「天然」の対極にあるものです。

しかし温泉は、できるだけ「科学の力」を借りず、自然にまかせて人の手を加えないほうが「ホンモノ」に近づける。したがって、その温泉施設に「不自然な部分」がないかどうかを探すことが、ニセモノやマガイモノを見極めるポイントの一つになるわけです。

そこで次に、きわめつけに「不自然な温泉」についてお話しすることにしましょう。

それは、「ビルの屋上（や最上階）に浴場がある温泉宿」です。大きな温泉旅館のなかには「展望大浴場」などと名づけてそれを売り物にしているところがたくさんありますが、考えてみれば、これほど不自然なものはありません。なぜなら、水というものは放っておけば「高きから低きへ」流れるものだからです。

自然にまかせていたら、地下から湧出する温泉が何十メートルもの高さまで持ち上がるわけはないですね。その場合は当然、動力を使って上まで運んでいます。

「下にあろうが上にあろうが温泉は温泉じゃないか」と思う人もいるでしょう。でも、そんなことはありません。

というのも、温泉の質は空気に触れる時間が長くなるほど劣化してしまいます。したがって、高い位置にある温泉ほど、そこまで行くあいだにパイプのなかでたくさん空気に触れ、質が落ちていると思っていいでしょう。しかも動力を使うことにより温泉が攪拌《かくはん》されますから、どんどん酸化され、劣化します。温泉の最大の敵は酸化なのです。なぜなら温泉は酸素のない地下深くで誕生するからです。

また、ビルの最上階に浴槽をつくれば、かけ流しにはできません。屋上あたりにタンクをつくって、そこにお湯を溜めておくことになります。ここでもお湯は空気に長くさらされますし、それより何より、タンクのなかはレジオネラ菌の温床《おんしょう》になりやすい。たしかに高いところからの眺望は非日常的な楽しみではあるでしょうが、そのために劣化したお湯やレジオネラ菌のリスクを我慢するというのは、「ホンモノ志向」の温泉旅行とはいえません。

だいたい、高いところから景色を眺めたいなら、べつに温泉地へ行く必要はないでしょう。都内に住んでいる人なら、東京タワーにでも昇ればいい。ホンモノの温泉を味わいたいなら、それはむしろ「低いところ」にあると考えるべきです。

たまに、下りの山道や階段をさんざん歩かされて、ようやく河原にある温泉にたどり着くことがありますが、自然のままの温泉とはそういうもの。そこで「不便だ」と不平をいっているようでは、ホンモノに出合うことはできませんよ。

浴槽の底から自然湧出しているのが最高！

ここで、ホンモノを見分けるために知っておいていただきたいのは、温泉はお湯の湧出スタイルによって三種類に分けられるということです。これまでの拙著で何度もくりかえし説明してきましたので、ご存じの方も多いでしょうが、ここでおさらいしておきましょう。

まず、**自然湧出泉**。読んで字のごとく、自然に地面から湧いて出てくる温泉のことです。まったく科学技術の力を借りておらず、昔の温泉はみんなこれでした。たとえば草津《くさつ》温泉（群馬県）の湯畑などは、一カ所から毎分四千数百リットルものお湯が湧出しています。もっとすごいのは玉川《たまがわ》温泉（秋田県）で、なんと毎分九〇〇〇リットルも自然に湧き出てくる。一度に出てくる量が多いほど空気に触れにくくなりますから、こういう温泉こそが最高です。たとえていえば、完熟トマトです。

次に、**掘削自噴**《くつさくじふん》と呼ばれるものがあります。これは科学技術の力を借りて掘り出すものですが、最初に掘削して道筋だけつけてやれば、あとは自力で噴き上がるだけのパワーがある。それだけの圧力があるということは、湯量もそれなりに多いということです。自然湧出泉に次いで、ホンモノに近いといっていいでしょう。完熟の手前の橙色《だいだいいろ》のトマトです。

もっともホンモノから遠いのは、**掘削動力揚湯《ようとう》**と呼ばれるもの。掘削自噴の場合は掘ってもせいぜい地下五〇〇メートル程度ですが、こちらは一〇〇〇メートルから二〇〇〇メートル近くまで掘るので、最新の技術を駆使しなければできません。しかも自力で地表まで上がってこられないので、動力を使って機械で吸い上げます。要するに「無理やり掘り出した温泉」ですから、それだけですでに「不自然」なものとしか思えない。そのうえ、湧出量が少ない、地表まで吸い上げるのに時間がかかるといった悪条件が重なって、成分の劣化、変質も進みます。竹下登元首相の「ふるさと創生事業」で全国各地に誕生した公共（三セク）温泉施設や、最近、大都市のド真ん中やその近郊で見かける〝天然温泉〟やスパ系の温泉施設と称するものの大半がこれです。緑色のトマトの状態といっていいでしょう。

以上、好ましい順に三つのスタイルを紹介しました。温泉にとっていちばん怖いのは「時間の経過」ですから、その意味でも地表に近いところから湧出する自然湧出泉がベストであることはいうまでもありません。

なかでも最高なのは、浴槽の底からお湯が湧いている温泉、「直湧《じかわ》き」温泉です。なにしろ外気に触れる前に入浴者の肌に触れるのですから、まさに新鮮そのもの。こういう温泉はそう多くありませんが、たとえば群馬県の法師《ほうし》温泉や青森県の蔦温泉がそうですから、ぜひ一度体験していただきたいものです。

すると逆に最悪なのは、深いところから掘削動力揚湯した温泉を、さらにビルの高い階まで運び上げたものとなりますね。これはもう、「科学技術の力を借りた温泉」というより、「科学技術の力だけでつくりあげた温泉」といったほうがいいかもしれません。

エレベーターで行ける展望大浴場は、たしかに便利です。しかし、自動車や飛行機やコンビニエンス・ストアなどを持ち出すまでもなく、便利になればその一方で何か大切なものが失われていくのが文明社会の常でしょう。私も自動車や飛行機にはよく乗りますから、何から何まで文明的なものを否定する気は毛頭ありません。でも現代人は、そういう利便性によって余計なストレスを抱え込んでいる面がある。だからこそ、せめて温泉くらいは利便性を排して自然のままであってほしいと思うのです。

もちろん、足腰が弱くなったお年寄りや障害者にとっては、エレベーターで行ける温泉も必要でしょう。温泉経営者の社会的責任は、ホンモノの温泉を守ることだけではありません。

玉川温泉の源泉「大墳」(上)と作並温泉「岩松旅館」の浴場(下)

だれもが手軽に温泉を楽しめるようにするのも仕事のうちです。

でも、それならば昔ながらの温泉とエレベーターで行く温泉を両方とも用意すればいい。実際、たとえば宮城県仙台市郊外の作並《さくなみ》温泉にある「岩松旅館」という老舗《しにせ》には、どちらもあるのです。階段を何十段も下りた川べりには江戸時代そのままの浴槽があり、鉄筋の立派なビルのなかにはエレベーターで行ける浴場がある。こういう経営者は、信用に値する責任感の持ち主だといえるでしょう。

その一方で、立派なビルを建てて展望大浴場をつくったとたんに、せっかく古くから続いてきたホンモノの温泉を潰してしまう経営者も少なくありません。こちらは、温泉というものがわかっていない、単なるお金儲け主義の経営者だと見て間違いないと思います。

デザイナーズ旅館の人気は古い温泉観の名残でしかない！

したがって何度も申し上げているように、正しい温泉文化を取り戻すためには、そういう宿には利用者側が背を向けたいものです。利用者の意識改革が、マガイモノの温泉を淘汰《とうた》し、温泉文化を正しい方向に進化させるのです。

高度成長期以来、日本人は温泉宿に本質とはかけ離れたものばかり求めてきました。ジャグジーやシャワーもそうですし、屋上の展望大浴場からの眺望もそうです。旅行の主役が男性から女性に変わり、団体から個人へとシフトしてはいるものの、そのあたりのメンタリティは三十年前とあまり違いません。一方でホンモノ志向の若い世代も出てきてはいますが、まだそれが多数派にはなっていないのが実情です。

では、マガイモノの温泉で喜んでいる「多数派」はだれか。昔は団塊の世代の男たちが温泉を観光地化させましたが、いまはその世代の女性たちが温泉経営者のお金儲けに手を貸しているように思えてなりません。それを強く感じるのは、いわゆる「デザイナーズ旅館」を好んで利用するのが団塊の世代の女性たちとその娘たちだという点です。

デザイナーズ旅館というのは、その名のとおりデザインを重視して設計された旅館のこと。温泉に自信がないため、異国風のデザインを凝《こ》らし、女性の歓心を得ようとする無国籍の〝温泉〟宿といっていいでしょうか。要は「見た目」の美しさで勝負しようとしているわけで、ここまで読み進めてきた読者なら、それだけでも温泉の本質を無視していそうだと見当がつくでしょう。前出の伊豆の、水を沸かしただけの全室露天風呂つきの〝自称温泉宿〟もデザイナーズ旅館でした。

昔のようなギラギラしたネオンこそありませんが、それが観光地的な温泉宿であることに変わりはありません。つまりデザイナーズ旅館というのは、高度成長期の歪んだ温泉観の延長線上にあるものなのです。

かつては熱海が「鯛の尾頭つき銭湯」のシンボルだったとすれば、現在はデザイナーズ旅館がそれに取って代わる存在になっているといえるでしょう。温泉地でいえば、大分県の由《ゆ》布《ふ》院《いん》温泉がその代表選手。由布院というと、世間では「二十〜三十代の若い女性に人気のスポット」だと思われているようですが、それはテレビや雑誌などがつくりあげたイメージにすぎません。実際には団塊の世代を中心とした年輩の女性たちが、由布院温泉の「サポーター」として、その隆盛にもっとも大きく貢献しているのです。

一見、時代の最先端を行っているようなデザイナーズ旅館ですが、そういう意味も含めて、むしろ古い温泉観を引きずった存在だといわざるをえません。

もうすこし具体的にいうと、多くのデザイナーズ旅館に共通する特徴は「和洋折衷《せっちゅう》」です。たとえば宿泊客が使う個室には、掘りごたつを設えた和室の隣にベッドルームがあったりする。建物自体も、欧米のホテルを思わせるような鉄筋のビルのところどころに、和風の意匠《いしょう》を施したりしています。最近はアジア的なものも流行しているようで、「日本にいながらバリ島の雰囲気を味わえる」などという謳い文句で売り出す旅館も出てきました。例の

〝アジアンリゾート〟です。

こういうものを喜ぶのは、意外にも若い人ではないのです。いまは海外旅行も安くなりましたから、バリ島の雰囲気を味わいたければ、若い人たちはバリ島へ行くでしょう。東京からなら、由布院よりバリ島へ行ったほうが安くあがるくらいです。

一方、なかなか海外旅行に行けなかった時代に育ち、だからこそ外国へのあこがれを強く抱いている旧世代の人間には、和洋折衷のデザイナーズ旅館が好ましく感じられる。そちらのほうが、なんとなく昔ながらの日本旅館よりも贅沢なもののように見えるのです。有名ブランドの舶来品《はくらいひん》にあこがれるのと同じような心理かもしれません。

日本の伝統文化のすばらしさを再発見し、それを味わうためにホンモノの温泉を求めている若い世代には、そんな大人たちの価値観がとても奇妙に見えるのではないでしょうかね。

欧米の「ホスピタリティ」と日本の「おもてなし」は似て非なるもの！

和洋折衷のデザイナーズ旅館は「温泉宿」ではなく「温泉ホテル」と呼ぶべきもので、その多くはサービスも欧米スタイルになっています。そういう場所で、日本人が真の「くつろぎ」を得ることができるかどうか、私には疑問でなりません。ときには高い料金を払ったことへの自己満足にすぎないのでは、と思えることもあります。マガイモノ食材のオンパレードですから。

前にも述べたように、温泉の保養効果はお湯の成分だけによるものではなく、「和」の精神をはじめとした心の面からも、もたらされるものです。だとすれば、宿のサービスを通じた従業員と利用者の関係性も、「ホンモノ」を見極めるうえで無視できない要素になる。だから、デザイナーズ旅館のサービスに疑問を呈したいのです。

もっとも、私は欧米式のホテルで提供されるサービスが悪いといいたいわけではありません。いまは国内にも外資系の一流ホテルがたくさんできて、そこでは高い料金に見合った最高のホスピタリティを味わうことができます。それはそれで、だれにとっても気持ちのいい体験でしょう。

でも、そういうサービスを楽しみたければ、そういうホテルに泊まればいいだけの話です。デザイナーズ旅館の場合、うわべは西洋風に取り繕《つくろ》っていても、それは所詮「真似事」にすぎませんから、本格的なサービスにはなりようがありません。温泉宿に一流ホテル並みのホスピタリティを求めるのは、歌舞伎座に行って「オペラをやれ」というようなものです。

それに、そもそも欧米流の「ホスピタリティ」というのは、日本の温泉旅館になじむものではありません。良し悪しは別にして、欧米人のビジネスというのは、合理主義的な発想に貫かれています。つまり、お金にならないサービスは「無駄」として排除するのが彼らのやり方なのです。接客業もその例外ではありません。「ホスピタリティ」というと、漠然と利益を度外視した慈善事業のようなイメージがありますが、それは誤解というもの。すべて客に対価を要求するのが、欧米のホスピタリティというものです。

だから宿泊客がホテルのレストランで食事をしても別料金を取られるし、ベルボーイに荷物を運ばせればチップを渡さなければいけない。「宿泊料」を払っているにもかかわらず、寝泊まりに必要なベッドメーキングにまでチップが要るのが欧米のホテルです。そこには、見返りを求めないサービスという発想はありません。

それが「ホスピタリティ」の本質だとすれば、日本の旅館が提供してきた伝統的なサービスはその対極にあるものだといえるでしょう。

食事をタダで出しているとはいいませんが、一流ホテルの宿泊料と同程度の料金で「一泊二食つき」の旅館は少なくありません。そこには、泊まっていただいたお客さんには食事を出すのが当たり前、という感覚があるのだと思うのです。

また、経営的には「無駄」と思えるほど人手をかけるのも日本旅館の特徴です。客の車が玄関に横づけされれば、出迎えに来た従業員が荷物を運んでくれる。受付で手続きをすませると、また別の従業員が部屋まで案内してくれる。さらに仲居さんが挨拶に来て、お茶をいれてくれる。その時点で、欧米のホテルの三倍は人手がかかっています。

しかも、いちいちチップを求められることはない。仲居さんに何千円か包んであげる人もいますが、あれは本来、日本の流儀ではありません。おそらく、欧米のやり方を「グローバル・スタンダード」だと勘違いした日本人が始めたことでしょう。あるいは、芸者衆への「おひねり」のような感覚で旦那衆がやりはじめたことかもしれませんが、いずれにしろ、いちいち見返りを求めないのが日本流の接客ですから、むしろ相手に対して失礼なことだと私は思います。

こうした見返りを求めないサービスのことを、私は「ホスピタリティ」などという横文字で呼びたくはありません。この国には、「おもてなし」という美しい言葉があるではありませんか。この「おもてなしの心」があるからこそ、私たち日本人は温泉旅館で安らぎを得ることができるのではないでしょうか。「おもてなしの心」を忘れた無国籍風とでもいったらいいのか、ヨーロッパかぶれのデザイナーズ旅館には、「ホンモノの温泉宿」としての気概が感じられないのです。

女将の肌のツヤを見よ！

さて、ここまで本章では、露天風呂、ジャグジー、シャワー、展望大浴場、デザイナーズ旅館と、おもに温泉宿の「施設」に注目してきました。しかし、ホンモノとマガイモノを識別するポイントはそれだけではありません。そこではたらいている「人」の姿からも、その温泉宿がどんなものかを読み取ることができます。

というのも、温泉施設の従業員は年がら年中、自分の宿のお湯に浸かっているはず。それがホンモノの温泉なら、何かしらその恩恵に与《あずか》っているにちがいありません。たとえば従業員が一様に疲れた顔をしていて、どこかイライラしながら接客しているような宿に、ホンモノの温泉があると思えるでしょうか。そこではたらいている従業員の心に安らぎを与えられないような温泉で、利用客が仕事で溜まったストレスを癒せるはずがないのです。

そんなわけですから、温泉宿では「人」に注目するのも大事。とくに女性によく見てもらいたいのは、宿の女将をはじめとする女性従業員たちの「お肌」です。

女性の場合、温泉に「美容」の効果を求める人が多いでしょう。実際、ホンモノの温泉には、肌にツヤやハリを与え、若々しくさせる力があります。昔から温泉は「若返りの湯」といわれてきました。そんな温泉にいつも浸かっている女性の肌ツヤが悪いはずがありません。

こればかりは、絶対にウソがつけない「動かぬ証拠」。事実、私がホンモノと認める温泉宿の女将たちの顔を見ると、みんなツヤツヤと光り輝くようなきれいな肌をしています。五十代、六十代はもちろん七十代になっても、そのツヤは変わらない。どんな能書きや宣伝文句よりも、女将や仲居さんたちの肌ツヤこそが、雄弁に温泉の効能を物語っているわけです。

逆にいえば、女将がまったく素肌が見えないほどの厚化粧を施して挨拶に出てくるような宿は信用できないということ。いつもマガイモノの温泉にばかり入っているから、肌が荒れてしまい、厚化粧をしなければ人前に出られなくなっているのだと思ったほうがいいでしょう。美しくなりたいと思って足を運んだ温泉で、そんな女将に出会っても平気でいられる女性は、自分の観察眼のなさを反省しなければいけませんよ。

それでもお湯に浸かって「肌がスベスベになった」などと錯覚するのは、物事を自分の頭で考えず、自分の目で見ていない何よりの証拠です。「温泉に入れば肌がスベスベになる」という先入観があるから、そんなふうに感じるだけ。

だいたい、お湯のなかで肌をさすれば、たとえ水道水を沸かしたものだったとしても、スベスベするのは当たり前でしょう。水で濡れた肌がガサガサするわけがないのです。それを

「温泉の効能」だと感じるのは、単なる思い込みにすぎません。

循環風呂がスベスベする理由

もっとも、マガイモノの温泉であっても、水道水を沸かした家庭風呂とは違うスベスベ感を得られることもあるので、話は厄介《やっかい》なのです。じつをいえば、塩素殺菌している循環風呂にも、独特のスベスベ感がある。これをホンモノのスベスベ感だと勘違いしている女性が多いので、気をつけなければいけません。

なぜ循環風呂でスベスベ感が得られるかといえば、お湯に人間の老廃物が含まれているからです。その脂分がスベスベの正体ですから、むしろこれは「ヌルヌル感」といったほうがいいでしょう。

さらに、殺菌のために投入されている塩素にも「ヌルヌル感」を出すはたらきがある。いつも台所で洗い物をしている女性なら、心当たりがあるはずです。長時間、水道水に手を浸していると、肌がヌルヌルしたような感覚がありませんか（？）。

それは、水道水に含まれている塩素が皮膚の表面を溶かしてしまったからです。循環風呂は水道水よりも塩素の濃度が高いので、当然、このヌルヌル感も家庭の風呂より増すことになる。だから多くの人が「やっぱり温泉は違う」と勘違いしてしまうのですね。

しかし実際には肌が傷めつけられているのですから、たとえ瞬間的にスベスベ感が味わえたとしても、これは逆効果。家庭の風呂のほうが、まだダメージは少ないと思ったほうがいいでしょう。塩素は皮膚の老化を促すという意味で、紫外線と同じようなものだと考えておいて差し支えありません。

ところが女性たちは、紫外線のことはひたすら気にしているにもかかわらず、循環風呂の塩素には関心を払わない。UVカットの化粧品を使ったり、黒い日傘を差して歩いたりしてお肌を守っているつもりかもしれませんが、一方で塩素たっぷりの循環風呂に入っていたのでは、その努力も水の泡というものです。

ですから女性たちには、紫外線の怖さについて一所懸命に勉強しているのと同じ努力を、温泉にも傾けていただきたいと思います。肌ツヤのよい女将がいるホンモノの温泉をじっくり味わってみれば、それが循環風呂のスベスベ感とはまったく質の違うものだとわかるはず。この感覚ばかりは、いくら言葉で説明してもわからないので、それぞれの人が自分で経験を重ねるしかありません。

しかし「温泉ＤＮＡ」をもっている日本人なら、それは必ずわかります。それに、最終的には利用者が「ホンモノの温泉」の皮膚感覚を取り戻さないかぎり、温泉文化の復活はありえない。そのためにも、現在の温泉旅行の「主役」である女性たちには、マガイモノに騙されないだけの知恵を身につけ、温泉改革の先頭に立ってもらいたいとひそかに願っているのです。

第3章

意外と知らない温泉分析書の裏のウラ

「古久屋」（長野・渋温泉）

温泉分析書の掲示は経営者に課せられたほとんど唯一の義務

ホンモノの温泉を見分けるにあたって、ここまでは「宿」に着目しながら、いくつかのポイントをあげてきました。たとえば料亭に行ったとき、そこで使っている「器」を見れば料理の中身も想像がつくのと同じで、宿の施設や従業員の姿には、経営者の考え方や提供しているお湯の質が滲《にじ》み出ています。つまりマガイモノの温泉を提供していれば、その「入れ物」もそれに似つかわしいものになるということ。その判断基準を知っているだけで、騙される確率はグンと減るにちがいありません。

さて、宿という「器」の見方は以上の話でおおむねわかっていただけたと思いますので、次に「器」の中身、つまり温泉そのものの質に着目して、「ホンモノとは何か」ということを考えていきましょう。

温泉の質を知ろうとする場合、多くの人がアテにするのは温泉分析書だろうと思います。いや、これまで温泉に「気分」だけを求めて、お湯の質に深い関心を寄せていなかった人でも、脱衣所などに掲示されている分析書を横目で眺めたことくらいはあるでしょう。源泉の温度、湧出量、pH値、成分、泉質、禁忌《きんき》症や適応症などを記したものが、都道府県知事が発行する温泉分析書です。意味はわからなくても、これが壁に貼ってあるだけで、「ああ温泉に来たんだな」と感じる人もいるのではないでしょうか。

それだけで「温泉気分」に浸ってはいけませんが、温泉経営者のモラルが低下した現在では、分析書の有無は重要な問題です。

前述したとおり、現行の温泉法はきわめて低いハードルしか設定していないので、分析書という「お墨つき」を御上《おかみ》から得たからといって、それだけで「ホンモノの温泉」とはいえません。でも、その分析書さえ掲示していない温泉施設はもはや論外。その掲示は、温泉施設に課せられたほとんど唯一の法的義務です。その義務さえ果たしていない施設は、それだけで十分にアヤシイといわざるをえません。

温泉経営者のモラルが高く、「あうんの呼吸」でホンモノだと信じることができた時代なら、分析書のような書類は「形式的なもの」として無視しても構わなかったとは思います。そんな書類がなくても、昔は温泉はすべてホンモノに決まっていました。

しかし現在はさまざまな不祥事が続出し、温泉業界全体が利用者から疑いの目を向けられている時代です。にもかかわらず、信用を得るために最低限の義務さえ履行《りこう》しない経営者というのは、利用者をバカにしているとしか思えません。

浴槽のお湯が源泉と同じとはかぎらない

とはいえ、分析書の掲示はあくまでも「最低限」の条件。陸上競技にたとえるならば、それを怠っている施設は最初からレースへの出場資格を失っているようなものです。分析書を掲示していれば、とりあえずレースのスタートラインには立つことができますが、だからといって、それだけでホンモノの優れた温泉だとはいえません。

というのも、まず温泉分析書に記されている内容は、現在の「実力」とはかぎらないからです。いったん「温泉」として認められれば、そのお墨つきを廃業するまで使えることになっていたのです。環境省はようやく重い腰を上げ、二〇〇七年（平成十九）七月、温泉経営者に対して十年ごとに温泉成分の再分析を義務づけたのですが、この十年という期間は利用者の側に立ったものとはいいがたいでしょう。この間、源泉が枯渇《こかつ》していても、分析書が書きなおされることはありません。

また、温泉分析書の内容は「源泉」について書かれたものであって、同じものが浴槽に入っているとはかぎりません。

たとえば展望大浴場なら、地下の湯元からそこまで運び上げ、タンクに溜めているあいだ

温　泉　分　析　書

（山環温第１７－ 20号）

１、申請者　　住所　山梨県南巨摩郡早川町湯島825番地
　　　　　　　氏名　有限会社西山温泉慶雲館　代表取締役　深沢雄二

２、源泉名および湧出地　　源泉名　慶雲の湯
　　　　　　　　　　　　　湧出地　山梨県南巨摩郡早川町湯島字白沢83-乙-1

３、湧出地における調査および試験成績
（１）　調査および試験者　　株式会社　山梨県環境科学検査センター　広瀬正貴
（２）　調査および試験年月日　　平成１７年１０月２４日
（３）　泉温　　51.3℃（測定時における気温　14.8℃）
（４）　湧出量　　1630ℓ/分　掘削自噴
（５）　知覚的試験　　無色澄明、わずかに硫黄性臭気、塩味
（６）　ｐＨ値　　9.0
（７）　ラドン（Rn）
（８）　ラジウム塩（Raとして）

４、試験室における試験成績
（１）　試験者　　株式会社　山梨県環境科学検査センター　広瀬正貴
（２）　分析終了年月日　　平成１７年１１月４日
（３）　知覚的試験（24時間後）　　無色澄明、わずかに硫黄性臭気、塩味
（４）　密度　　0.9994（20℃/4℃）
（５）　ｐＨ値　　9.36
（６）　蒸発残留物　　1,130 mg/kg（180℃）
（７）　電気伝導度　　1,690 μS/cm（25℃）

５、試料１kg中の成分、分量および組成

１）陽イオン	ミリグラム	ミリバル	ミリバル%
水素イオン　(H^+)	0.0	0.00	0.00
リチウムイオン　(Li^+)	0.3	0.04	0.25
ナトリウムイオン　(Na^+)	229.0	9.96	61.33
カリウムイオン　(K^+)	2.7	0.07	0.43
アンモニウムイオン　(NH_4^+)	0.6	0.03	0.18
マグネシウムイオン　(Mg^{2+})	0.0	0.00	0.00
カルシウムイオン　(Ca^{2+})	122.5	6.11	37.62
ストロンチウムイオン　(Sr^{2+})	0.9	0.02	0.12
バリウムイオン　(Ba^{2+})	0.0	0.00	0.00
アルミニウムイオン　(Al^{3+})	0.1	0.01	0.06
マンガンイオン　(Mn^{2+})	0.0	0.00	0.00
第一鉄イオン　(Fe^{2+})	0.0	0.00	0.00
第二鉄イオン　(Fe^{3+})	0.0	0.00	0.00
亜鉛イオン　(Zn^{2+})	0.0	0.00	0.00
陽イオン　計	356.1	16.24	100

２）陰イオン	ミリグラム	ミリバル	ミリバル%
フッ素イオン　(F^-)	2.0	0.11	0.70
塩素イオン　(Cl^-)	115.1	3.25	20.70
臭素イオン　(Br^-)	0.3	0.00	0.00
ヨウ素イオン　(I^-)	0.0	0.00	0.00
水酸イオン　(OH^-)	0.1	0.01	0.06
硫化水素イオン　(HS^-)	0.0	0.00	0.00
硫化物イオン　(S^{2-})	0.0	0.00	0.00
チオ硫酸イオン　($S_2O_3^{2-}$)	0.0	0.00	0.00
硫酸水素イオン　(HSO_4^-)	0.0	0.00	0.00
硫酸イオン　(SO_4^{2-})	578.3	12.04	76.69
リン酸一水素イオン（HPO_4^{2-}）	0.0	0.00	0.00
メタ亜ヒ酸イオン　(AsO_2^-)	0.0	0.00	0.00
炭酸水素イオン　(HCO_3^-)	0.0	0.00	0.00
炭酸イオン　(CO_3^{2-})	8.8	0.29	1.85
メタケイ酸イオン　($HSiO_3^-$)	0.0	0.00	0.00
メタホウ酸イオン　(BO_2^-)	0.0	0.00	0.00
陰イオン　計	704.6	15.70	100

３）遊離成分　非解離成分	ミリグラム	ミリモル
リン酸　(H_3PO_4)	0.0	0.00
メタ亜ヒ酸　($HAsO_2$)	0.0	0.00
メタケイ酸　(H_2SiO_3)	49.8	0.64
メタホウ酸　(HBO_2)	11.7	0.27
硫酸　(H_2SO_4)	0.0	0.00
非解離成分　計	61.5	0.91

溶存物質（ガス性のものを除く）　　1.122 g/kg

成　分　総　計　　1.122 g/kg

４）遊離成分　溶存ガス成分	ミリグラム	ミリモル
遊離二酸化炭素　(CO_2)	0.0	0.00
遊離硫化水素　(H_2S)	0.0	0.00
溶存ガス成分　計	0.0	0.00

その他微量成分	ミリグラム
カドミウムイオン　(Cd^{2+})	0.005＞
鉛イオン　(Pb^{2+})	0.01＞
銅イオン　(Cu^{2+})	0.01＞
総水銀　(Hg)	0.0005＞

６、泉質　　ナトリウム・カルシウム－硫酸塩・塩化物泉
（低張性アルカリ性高温泉）

７、禁忌症、適応症等　　温泉分析書別表中の５に記載

平成１７年１１月７日

山梨県温泉成分分析施設登録－み自４第４－３－１号により
平成14年4月8日付　[illegible]１４山梨み自第１号
山梨県甲斐市[illegible]２２７７－１２
株式会社　山梨県環境科学検査[illegible]　代表取締役社長　小澤一昭

西山温泉「慶雲館」の温泉分析書

に、お湯の質は劣化するでしょう。

それ以外にも、「源泉」と「浴槽のお湯」が別物になることはしばしばあります。温度調節や湯量アップのために水道水が加えられることもあるし、循環風呂なら殺菌のために塩素系薬剤が投入されているケースがほとんどです。いわば陸上選手がドーピングを行っているようなものですが、それは温泉分析書に反映されません。極端な話、水道水を沸かしたものに源泉をスポイトで一滴垂らしただけのお湯を浴槽に溜めていても、法律違反にはならないのですから。

都市部には遠くの温泉地からお湯をタンクローリーで運んできて使っている温泉施設もありますが、その脱衣所に掲示されている分析書も、源泉を汲み出した遠く離れた土地でのもの。入浴客にとって、その湧出量や温度や成分に意味があるとは思えません。当然、運ばれたお湯は加熱しなければなりませんし、劣化の程度もはなはだしいでしょう。

しかも毎日タンクローリーで新鮮なお湯を運んでいるわけではないので、そういう施設では何日も循環させて使うことになります。たとえば名古屋のある施設では、源泉の運搬は週に一度だけ。一日数百人が入浴する風呂で一週間も同じお湯を循環させているわけです。そんなお湯に、源泉と同じ効能など期待できるわけがありませんし、そもそもそれが温泉といってもいいのかすら疑わしいのです。

機械で濾過しているので、浴槽では透明なお湯に見えますが、循環器を止めた状態のお湯を見たら、だれもそれに浸かろうとは思わないでしょう。施設の営業が始まる前のお湯はドロドロと濁っていて、ひどい悪臭を放っています。そんな温泉の脱衣所に掲示してある分析書は、ほとんど「合法的な詐欺」みたいなものだといえないでしょうか。

温泉法のなんとも低いハードル

やはり根本的な問題は、詐欺のような温泉分析書でも違反にならない温泉法の甘さです。世の中には抜け道の多い法律がたくさんあるとはいえ、これ以上のザル法には、めったにお目にかかれません。そもそも「温泉」の定義が甘すぎるので、たとえ源泉をそのまま浴槽で使っていたとしても、それが「ホンモノ」と呼べるとはかぎらないのです。

しかも温泉に入るには、ほとんどの場合「入湯税」という税を市町村に納めている。入浴料にすでに含まれているわけですね。ですから、もっと厳格であるべきなのです。

自然湧出泉であれ、掘削自噴であれ、掘削動力揚湯であれ、地下から湧出した「水」が温泉法で「温泉」と認められるための条件は、おおまかにいうと二つしかありません。

先にもすこしふれましたが、一つは温度が二五度を超えていること。入浴の適温は四二度前後で、二五度では「お湯」とも呼べないような冷たさですが、温泉法ではこれをクリアしていればオーケー。含まれている成分は関係ないのです。ただの地下水でも、二五度以上あればそれは「温泉」と認められるわけです。

では温度が二五度未満なら「温泉」にならないかというと、そんなことはありません。温泉法では一八種類の成分が定められており、そのうちの一つでも基準値を超える割合で含まれていれば、温度にかかわらず「温泉」と認められます。これが二つ目の条件。二五度以上なら成分がなくてもオーケー、成分が一種類でも含まれていればなんでもオーケー――これが、温泉法で設けられた温泉のハードルなのです。

この条件では、地下から「温泉ではない水」を掘り出すほうがよほど難しいのではないでしょうか。地温は深ければ深いほど高くなり、一〇〇メートルごとに二、三度は上昇しますから、現在の技術をもってすれば、二五度以上の「水」を掘り当てるのはさほど難しいことではありません。

たとえば東京の平均地温は一五～一六度ですから、五〇〇メートルくらい掘削して水にさえ当たれば、「温泉」を掘り当てたことになる。その気になれば、東京のどこででも「温泉施設」をつくることができるわけです。

また、たとえ深く掘ることができずに水温が低くても、あまり心配はいりません。その場合、何の成分も含まれていなければ「温泉」と認められないわけですが、そういう地下水はほとんどない。というのも、温泉法では、日本の地下水ならたいがい含まれている物質が「温泉の成分」とされているからです。

その物質とは、「メタケイ酸」と「メタホウ酸」の二つ。ヨーロッパではめずらしい物質で、これが含まれた地下水は珍重されていますが、日本ではごくありふれたものです。それこそ、ごくふつうの井戸水にも入っていることが多い。ところが温泉法はヨーロッパの価値基準にならって制定されてしまったようで、これを含んだものを単なる「地下水」ではなく「温泉」としました。そのため日本の温泉には、ハードルなどあってないようなものになってしまったのです。

温度が二五度未満で、メタケイ酸もメタホウ酸も含まれていない地下水を日本で探せといわれたら、私なら断ります。いまの科学技術を駆使すれば、温泉法が定めるところの「温泉」を掘り出せない土地は、ほとんどないといっても過言ではないのですから。

十年ほど前、四国を旅していて地元の新聞で知ったのですが、ある村で温泉掘削に失敗し、村長が責任を取って辞職したというのです。「山の上でも掘ったのだろうか、いまどきめずらしい」と思ったものです。辞職するにふさわしい大失態といえるほど「温泉」を掘り当てるのは簡単なのですね。

そして、いったん掘り出して温泉分析書というお墨つきを手に入れれば、半永久的に「温泉」でいられたのです。環境省は、ようやく十年ごとに見直すことにしましたが……。

アルカリ性が強い温泉は塩素が効きにくい

この四国の例はほんとうにめずらしいケースで、これだけハードルが低ければ、科学技術が発達した今日、次から次へと各地に温泉施設が誕生するのも当然でしょう。そして、新しくつくられた施設ほど「楽な条件」しか満たしていない可能性が高いのはいうまでもありません。

序章で紹介した北海道浦河町の公共温泉「浦河温泉あえるの湯」も、きっとこのような条件でクリアした〈ニセ〉温泉だったにちがいありません。

自然湧出の温泉は昔から温泉地として親しまれてきたわけで、これまで温泉の「お」の字もなかった土地に温泉施設をつくろうと思えば、地下深くまで掘削するしかない。実際、平成に入ってから無理やり掘り出した温泉は、温度が二五度以上か、「メタケイ酸」もしくは「メタホウ酸」を含んでいるだけの地下水であることが多いのです。

さらに問題なのは、無理やり掘り出した温泉は湯量が十分ではないこと。温泉法では湯量に関する規定が何もありませんから、チョロチョロと出てくるだけで温泉と認められるわけですが、それでは入浴施設として営業できません。そんなものを「源泉一〇〇パーセントかけ流し」にしたのでは、一日に数人の入浴客しか利用できないでしょう。いや、下手をすれば数日間に一人ぶんのお湯しか調達できないかもしれない。

したがって、地下の泉源から吸い上げたものに水道水を加えて水増ししたうえに、同じお湯を何度も循環させて使わざるをえないのです。もちろん温度も低いので、ボイラーで加熱しなければなりません。それだけで「マガイモノ」と呼ぶには十分でしょう。「マガイモノ」とは「ホンモノ」の温泉に似て非なるものをいいます。

しかし、「メタケイ酸」や「メタホウ酸」によって法律をクリアしただけの温泉の場合、もっと深刻なのは塩素のことです。もちろん循環風呂である以上は、ほとんどの場合、塩素系薬剤が入っているのが当たり前。それは、多くの温泉に共通の問題です。ただ、メタケイ酸やメタホウ酸を含んだ温泉は、通常よりも大量の塩素が必要になるということは知っておいたほうがいいでしょう。

なぜかというと、そういう温泉はアルカリ性が強いからです。メタケイ酸やメタホウ酸を多く含んだ温泉は、分析書のpH値を見ると、たいがい8・5から9・5前後の数字になっているはず。pH値は6から7が中性ですから、これは相当にアルカリ性が強い。そしてアルカリ性の温泉というのは、塩素が効きにくいのです。

厚生労働省の発表している資料によれば、たとえばpH値6・0の中性の温泉の場合、次亜塩素酸という塩素系の薬剤を投入すると、九六・九パーセント効くことになっています。ところがpH9・0のアルカリ性の温泉に同じ薬剤を入れても、三・一パーセントしか効きません。中性の温泉と同じ殺菌効果を得ようと思ったら、三〇倍以上の薬剤を投入しなければならないわけです。

pH値が8・5を超えるほどアルカリ性の強い温泉は、本来ならかなりヌメヌメとしていて、湯上がりには女性を喜ばせるお肌のスベスベ感が得られるもの。しかし塩素を大量に入れてしまうとその効果が薄まり、高いpH値に見合うほどのスベスベ感がありません。温泉らしい成分がメタケイ酸やメタホウ酸しか含まれていないのに、その成分の恩恵さえ受けられないのが、最近つくられた循環式温泉の正体なのです。

データの裏づけさえない温泉への塩素投入

ところで、塩素の投入によって台無しになってしまう温泉の成分は、メタケイ酸やメタホウ酸だけではありません。鉄分や硫黄分も、塩素と化学反応を起こして本来の役割を果たせなくなってしまいます。つまり循環風呂の場合は、温泉分析書にいくら鉄分や硫黄分が多いと書かれていても無意味だということになります。

いや、意味がないどころではありません。化学反応によってダメになるのは温泉の成分だけでなく、塩素にもその可能性があります。

たとえば鉄分の多い温泉に塩素を入れると、鉄分が凝固剤のような役目を果たして、塩素を固めてしまう。その結果、塩素の殺菌効果が失われて、レジオネラ菌を退治できなくなってしまうのです。レジオネラ菌を退治しようと思ったら塩素の投入量をふやさなければならないわけで、どちらにしても人間にとっては危険な状態になる。

循環風呂にはつねに、こういう「塩素とレジオネラ菌のせめぎ合い」がつきまといます。「毒」を「毒」で抑えつけようとしているわけですから、どちらにしてもよい結果になるはずがありません。

公共温泉でレジオネラ菌による死亡事件が続発して以来、厚生労働省は全国の温泉施設に対して、ひたすら「塩素で殺菌せよ」という指導を行うようになりました。しかし、これはきわめて場当たり的な対策というほかはないですね。なぜなら、温泉に塩素を投入した場合の効果や危険性に関する十分なデータが得られていないのですから。

それなのに、どうして塩素を入れれば大丈夫だと考えるのか。その裏づけになっているのは、これまでプールや銭湯などを塩素で消毒してきたという「前例」だけでしょう。水道水を使った施設でのデータを、そのまま温泉にも当てはめているのです。しかし、プールや銭湯と温泉は似て非なるもの。水道水と違う成分が入っているからこそ温泉は温泉として別扱いされるのですから、「同じように塩素を入れればオーケー」と考えるのは乱暴すぎます。

しかも、温泉施設では、薬剤の専門家ではなく、素人のパートやアルバイトの従業員が塩素を扱っている。たくさん入れるぶんには役所に叱られないので、ジャブジャブと際限なく塩素を投げ込んでいるのです。塩素は水道の飲み水にも入っていますが、あれは水道局の専門家が緻密《ちみつ》に計算して濃度を調節しているので、温泉と同列には語れません。

それから、「飲んで大丈夫なら浸かっても大丈夫だろう」というのも大きな勘違い。飲料水の塩素は肝臓が八割ぐらい濾過してくれますが、肌にはそのような防御機能がありません。

塩素の攻撃をダイレクトに受けるという意味では、飲むよりも浴びるほうが人体への危険度が高いのです。

マガイモノ温泉をふやす役人の愚策

また、アンモニアの強い温泉では、その塩素によって危険なガスが発生する可能性もある。そういったことが原因で、今後、どんな事故が起きるかわかりません。

医療の発達で湯治場としての役割が薄れたとはいえ、温泉が心身の「健康増進」のために存在していることに変わりはありません。ところが塩素入りの循環風呂は、その目的と正反対の存在になりつつあります。同じお湯を何日も循環させるからレジオネラ菌が増殖し、それを殺すためには塩素が必要になる。レジオネラ菌が退治されても塩素が人間の健康を脅かすのですから、人間の健康増進ではなく、まるでレジオネラ菌を殺すために温泉が存在しているようなものです。

こんな危険なマガイモノ温泉に入るぐらいなら、プロが管理している水道水を使い、毎日きれいに掃除している家庭の風呂に入っていたほうが、よほど安全、安心というもの。「健康増進」にはそれほどはプラスにはならないかもしれませんが、少なくとも大きなマイナスにはなりませんよね。

そして、ほんとうに温泉を健康増進に役立てたければ、「源泉一〇〇パーセントかけ流し」の施設を選ぶしかない。ところが最近は、それでも安心できないのですから困ったものなのです。

都道府県の保健所によっては、レジオネラ菌の被害を恐れるあまり、源泉をかけ流しにしている温泉にまで塩素投入を指示するようになりました。松山の道後《どうご》温泉や神戸の有馬温泉といった名門温泉にまで塩素殺菌を求めるのですから、これはもう、温泉文化に対する暴力。とくに、三千年の歴史を誇り、『日本書紀』『万葉集』『源氏物語』など数々の古典にもその名が登場する道後温泉は、わが国の温泉文化を象徴する存在です。その中心的な施設として知られる「道後温泉本館」に塩素が投入されたと聞いたとき、私は体の底から強い憤《いきどお》りを感じました。

マガイモノの循環風呂で事故が起きたからといって、毎晩、浴槽のお湯を抜いてからしっかり清掃しているおかげで、これまでなんら事故のなかった伝統あるホンモノの温泉にまで塩素殺菌をさせるというのは、明らかに過剰反応です。マガイモノが危険ならマガイモノをなくす方向に行くのがほんとうでしょう。一日に数百人も入浴した風呂のお湯を毎晩「排水」

するという常識的なことが行われていない、それらを見逃していることが、そもそもレジオネラ菌発生の原因なのです。

ところがこの国の役人は、逆にマガイモノ温泉をふやす方向に話を進めている。このバカげた事態に歯止めをかけられるのは、温泉利用者である国民の「声」以外にないのではないでしょうか。

贅沢な「ない物ねだり」がマガイモノ温泉をはびこらせた

そもそも、これだけ全国各地に循環式の温泉施設がふえたのも、利用者の「声」を反映したものだとはいえます。具体的に「温泉をつくれ」と声を上げたわけではなくても、「近所に気軽に行ける温泉があったら便利だ」という思いがあるから、ホンモノの温泉としての「素質」のない土地にも次々と施設がつくられ、ビジネスとして成立する。

その意味では、利用者も責任を感じなければいけません。

温泉としての「素質」にもいろいろありますが、現在、多くの温泉施設にもっとも欠けているのは「湯量」でしょう。先述したとおり、温泉法は温度や成分などの「質」で温泉を定義しているだけで、「量」は問題にしていません。しかし、「源泉一〇〇パーセントかけ流し」

がホンモノの条件だとすれば、湯量ほど大切な要素はない。湯量が足りないからかけ流しにできず、循環式にせざるをえないのです。

もう、そういう「素質のない温泉」をありがたがるのはやめなければいけません。「ない物ねだり」をしてはいけないということです。

経済的な豊かさを手に入れ、不可能を可能にするような科学技術が発達したことで、私たち人間はどんどん欲深くなってきました。交通手段や情報通信など、生活が何から何まで便利になってきたことで、「不便であること」を我慢できなくなっているのです。

たとえば腹が減ったら、近所のコンビニエンス・ストアかファミリーレストランに行けば、二十四時間いつでも食べ物にありつけるのが当たり前。そういう便利な店がない場所では暮らせなくなっている人が多い世の中。

この二十年のあいだに増殖した公共の温泉施設も、いわばコンビニやファミレスの延長線上にあるものだと私は思います。「いつでも、どこでも、手軽に温泉に入りたい」という、人々の贅沢なニーズがそれを生み出しました。

しかし結果的に手に入ったのは、ホンモノの温泉ではありません。ホンモノの温泉は、相変わらず「不便」な場所にしかない。でも温泉というのは、ふだん生活している地域とは違う場所にあるからこそ意味があるともいえます。何度もくりかえしているように、温泉の保養効果は「非日常的」な環境によってもたらされるもの。別の言い方をすれば、「転地作用」こそが温泉のもつ魅力の一つなのです。

ですから、コンビニやファミレスのような日常感覚で利用できるものに、本来の温泉効果は期待できません。いまは都会の真ん中にも温泉施設がありますが、そんな見慣れた場所で、排気ガスにまみれながらお湯に浸かったところで、都会人のストレスが癒されるとは思えない。不便でも、山や海や川に囲まれた遠くの温泉地まで足を運ぶことで、はじめて非日常的な感覚を味わえるのです。

経済的な豊かさと科学技術は、人間社会に多大な利便性を与える一方で、大切なものもたくさん奪いました。自然の恵みである「ホンモノの温泉」もその一つです。頻発する温泉問題は、「不便だからこその豊かさ」を忘れた現代人に反省を促す警告として受け止めるべきなのかもしれません。

「温度」という重大情報が欠落している温泉紹介記事

ところで先ほど、源泉をかけ流しにするためには豊富な「湯量」が必要だという話をしましたが、そこで勘違いしてほしくないことが一点あります。

それは、浴槽の湯口から出ているお湯の量が、その温泉の「湯量」ではないということ。湯船に注ぎ込まれているお湯がチョロチョロとしか出ていないと、「この温泉は湯量が足りないからホンモノではないのではないか」と思う人が多いのですが、そうではありません。それは、湯口から出るお湯の量を絞ることによって、温度を入浴に適したレベルまで下げているのです。

ちなみに循環風呂の特徴は、湯口から大量の湯が浴槽に注いでいることです。もともと湯量が少ないから循環風呂にしているはずが、おかしいとは思いませんか。これが「マガイモノ」の所以です。

ホンモノの温泉がお湯の量を絞ることによって温度を下げていることに気づかない人が多いのは、温泉の「温度」に対してあまり関心が払われていないからでしょう。当たり前のことですが、自然に湧出した温泉は人間のために用意されたものではないので、最初から適温になっているわけではありません。それが浴槽で四〇~四三度程度に保たれているのを不思議に思わないとしたら、それはその人が自然の何たるかを忘れている証拠です。

もっとも、それはメディアの責任でもあるでしょう。雑誌やガイドブックの温泉紹介記事では、ほとんど「源泉の温度」が書かれていません。昔は必ず「泉質・温度・効能」の三要素が紹介されていたものですが、最近はたいがい「泉質」と「効能」だけ。「温泉」というからには、その質を見極めるうえで「温度」が大事なのは当然なのに、その情報が欠落しているのです。

おそらく編集者やライターが温泉のことをよく理解していないせいでしょうが、穿《うが》った見方をすれば、意図的に隠していると思えないこともありません。新しい施設の場合、「二五度以上」という条件をギリギリでクリアしているだけの温泉が多いからです。源泉の温度が二六度とか二七度くらいしかないとわかれば、読者も「それで入浴できるのか？」と疑問に思うでしょう。もちろん実際には加温して入浴できる温度にしているわけですが、それはあまり格好のいいことではありませんよね。

だから施設側も積極的に温度のことはいわないし、メディアの側も取材相手に迎合して、あえてそれを聞き出そうとしない。その結果、温度という重要な情報が世間に知らされなくなったのではないでしょうか。

しかし温度というのは、その温泉がどんなものかを読み取るうえで非常に役立つ情報です。それこそ二七度くらいであれば、「これは循環風呂である可能性が非常に高い」と見当をつけることができるでしょう。適温まで沸かしてかけ流しにしている可能性もありますが、いまはほとんどが循環させていると考えて構いません。ホンモノの温泉でも、湯治場などでは三〇度台でそのまま提供しているところがありますが、それはほんのひと握りの例外です。

逆に、源泉が五〇度や六〇度もあれば、どうやって適温まで冷ましているのかということが興味の対象になるでしょう。そのままでは入浴できないのですから、予約するときに「どうやって温度を下げているんですか?」と質問したくなるのが、利用者としてはまっとうな反応だと思います。そういう好奇心をもつことで、人々の温泉に対する理解が深まるのですから、メディアにはこの情報をカットしてほしくありませんね。

滝のように注いでいるのに湯船からお湯があふれない循環風呂

温度を下げる方法にもいろいろありますが、もっとも正統的で、温泉の質を損なわないのが、先ほど紹介した「湯口を絞る」という手法です。

何よりもまず、これは源泉をかけ流しにしている証拠。循環式の場合は機械を通しているあいだに温度調節ができてしまうので、湯口の量を変える必要はありません。機械を使わずにかけ流しにしているからこそ、源泉が熱すぎるときは注ぎ込む量を減らして冷めやすくしているのです。

しかも源泉の温度は季節によって微妙に上下しますから、それに合わせてこまめに湯口を開いたり絞ったりしなければ、湯船の温度を一定に保つことができません。この手法には、それだけ手間暇がかかり、また経験がものをいうのです。

ですから、湯口からお湯がチョロチョロとしか出ていないからといって、文句をいってはいけません。先にもふれたように、むしろ最近の循環風呂のほうが湯量を多く見せかけて「ホンモノ」だと錯覚させるために、ジャブジャブと滝のごとく盛大に湯口からお湯を出しているものです。ところが、それだけ大量のお湯が注ぎ込まれているにもかかわらず、湯船からお湯があふれていない。循環式なので、浴槽の底などにある取水口からお湯が機械のほうへ戻っているわけです。不満をいうなら、そんなごまかしを平気でやっている経営者のほうにですよ。

手間暇かけて湯口を調節している温泉では、逆に「ていねいな仕事をしていますね」と経営者を褒めてあげてほしいくらいです。そこまで理解してくれるお客さんはめったにいませんから、きっと喜ぶでしょう。もしかしたら、料理が一品、余計に出てくるかもしれませんよ。

それ以外にも、お湯を冷ます方法はいくつかあります。泉源から浴槽まで距離があれば、パイプを通しているあいだに自然に冷めることもあるでしょう。水のなかにパイプを通すこともあります。いったんタンクに溜めて、適温まで冷めてから湯船に注いでいるところもあります。

北海道では、熱交換器を利用して、冷ましたお湯のエネルギーを館内の暖房に転用する施設もふえました。科学技術の力を借りているとはいえ、自然の恵みを有効利用するすばらしい知恵だといえるのではないでしょうか。少なくとも、石油をどんどん燃やしてエネルギーを浪費するよりは、よほどエコロジカルなやり方だと思います。

また、加水によって温度を下げているところが多いのはいうまでもありません。家庭の風呂を水道水で「埋める」のと同じで、これがもっとも簡単なやり方です。もっとはっきりいえば、いちばん「安易」なのが加水による温度調節ということになるでしょう。

とはいえ、私は加水が絶対にいけないとはいいませんし、水で割っていたら「ホンモノ」ではなくなるともいいません。高温の温泉になると、湯口を絞るだけでは冷ますのにも限界があるでしょう。泉質にもよるので一概にはなかなかいえませんが、一般的には、加水率が二〇パーセントくらいまでなら許容範囲だと考えてもいいと思います。しかも、地下水など自然水での加水なら理想的ですね。

たとえば源泉が五〇度の温泉なら、一〇パーセント加水すれば適温まで下がるでしょう。六〇度なら、二〇パーセント程度の加水でオーケー。その程度の加水でかけ流しにしているのであれば、その温泉はまだ「生きている」と考えていいと思います。

「源泉率」の情報公開を求めよ！

そもそも、四〇パーセントも五〇パーセントも加水しなければ適温にならない温泉というのは、ほとんどないのです。そんなに加水しているとしたら、それは温度調節のためではなく、湯量不足のためと見ていいでしょう。

ただしホンモノの温泉のなかには、温度調節のためではなく、別の目的で源泉を水で割っているところもあります。たとえば秋田県の玉川温泉には、五〇パーセント近く水を加えた浴槽がある。これは決して、湯量が足りないのを水で補っているわけではありません。玉川温泉は毎分九〇〇〇リットルも湧出しており、お湯が余りすぎているのですから。ここの湯はあまりにも成分が濃密なので、源泉一〇〇パーセントのままでは、はじめて入る人が肌を傷めてしまう恐れがあるのです。お酒の弱い人が、アルコール度数の高いウイスキーを水割りで飲んだほうがいいのと同じことです。

ここで大切なのは、玉川温泉が源泉を水で割っていることをきちんと情報公開しているということです。だからこそ利用者は、はじめてなら加水した浴槽、何度も通っている人は源泉一〇〇パーセントの浴槽といったぐあいに、自分のニーズに合わせて選ぶことができる。バーで客が「ストレート」か「水割り」かを自分で選べるようなもので、本来はこれが当たり前のやり方です。

ところが現在の温泉業界では、ウイスキーの水割りを「ストレート」だと偽って客に飲ませるようなことが平然と行われてきました。水道水を沸かして温泉を偽装していた群馬県伊香保温泉の一部の施設や愛知県吉良温泉がやっていたのは、そういうことなのです。

そんな偽装が簡単にやれる商売というのは、どう考えてもまともではありません。たとえばオレンジジュースにしても、果汁が何パーセント含まれているか知らずに買う人はまずいないでしょう。果汁一〇〇パーセントなら高くても買うでしょうし、無果汁でも安ければ買うわけで、そういう選択をするには正確な情報公開が欠かせません。

しかし温泉業界には、飲食物では当たり前の製品表示というものがこれまでなかった。温泉分析書にしても、お金を払う前に確認できるものではありません。予約した宿に行って、

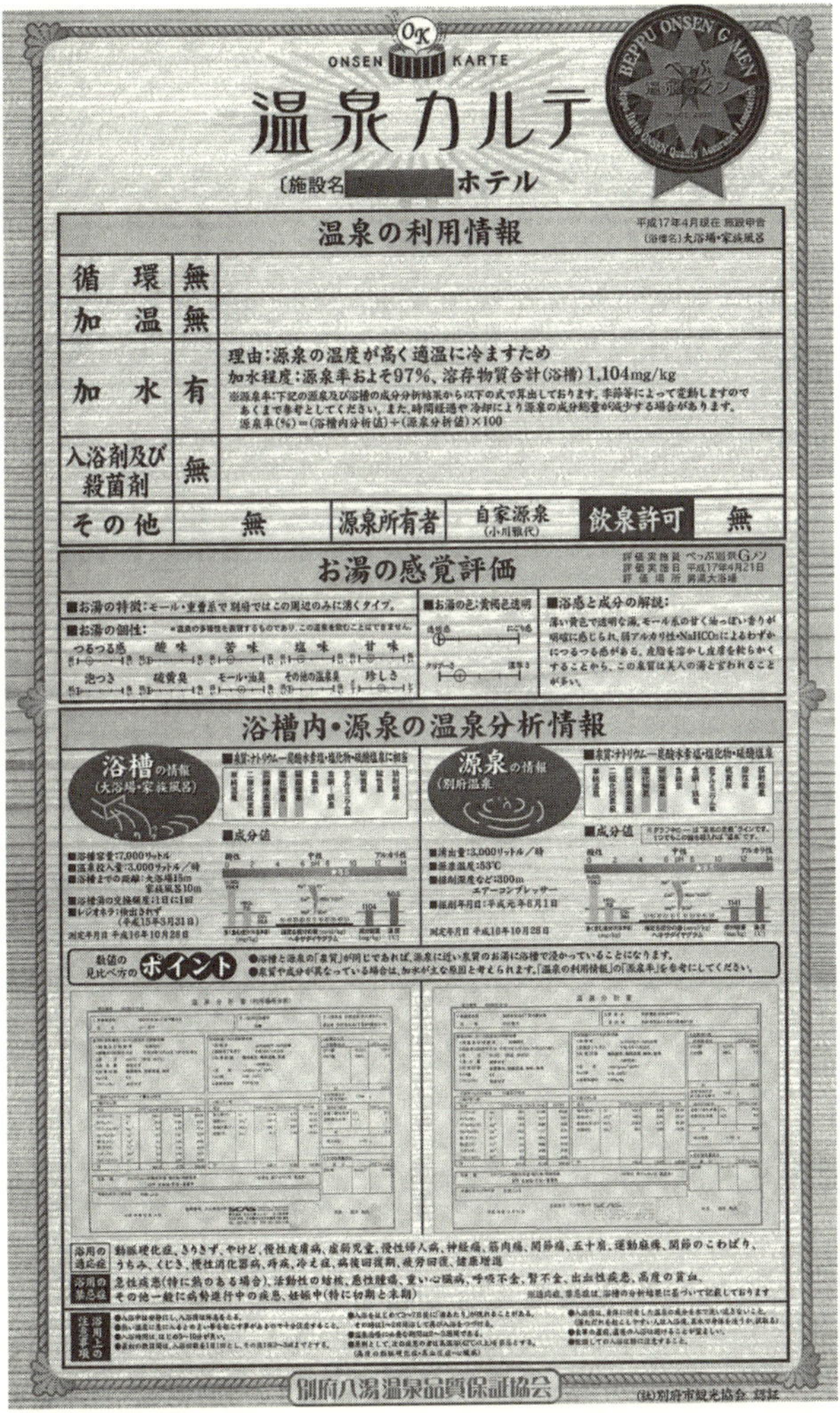
ONSEN KARTE
温泉カルテ
BEPPU ONSEN G MEN
〔施設名[redacted]ホテル
温泉の利用情報
平成17年4月現在 施設申告
(浴槽名)大浴場・家族風呂
循環 無
加温 無
加水 有
理由：源泉の温度が高く適温に冷ますため
加水程度：源泉率およそ97%、溶存物質合計(浴槽) 1,104mg/kg
入浴剤及び殺菌剤 無
その他 無
源泉所有者 自家源泉 (小川旅館)
飲泉許可 無
お湯の感覚評価
■お湯の特徴：モール・重曹系で別府ではこの周辺のみに湧くタイプ。
■お湯の個性：
つるつる感
酸味
苦味
塩味
甘味
泡つき
硫黄臭
モール・油臭
その他の温泉臭
珍しさ
■お湯の色：黄褐色透明
■浴感と成分の解説：
浴槽内・源泉の温泉分析情報
浴槽の情報 (大浴場・家族風呂)
源泉の情報 (別府温泉)
■成分値
数値の見比べ方のポイント
別府八湯温泉品質保証協会

別府温泉の「温泉カルテ」

脱衣所で服を脱ぎながら「マガイモノ」だと知っても、もう引き返すことができないのが温泉です。キャンセルして別の宿に泊まろうと思っても、空き部屋はないでしょう。

ですから私は温泉施設に源泉率や換水頻度、あるいはもっとレベルが高く、源泉と浴槽水それぞれの分析書の表示などの情報公開を求めているわけですが、完璧な精度が整うまでにはまだ時間がかかりそうです。〝世界の泉都〟別府温泉の三、四〇軒の施設が「温泉カルテ」(前ページ参照)を作成しこれに応えてくれていますが、この輪を広げるためには、利用者が自分自身で情報公開を求めるしかありません。

もっとも、「お宅は源泉に水を何パーセント加えてますか？」と質問したのでは、相手も答えにくいでしょう。許容範囲であっても、「一〇パーセント加水しています」とはいいたくないものです。

その場合は、逆に「お宅の源泉率は何パーセントですか？」と訊いたほうが角が立ちません。温度調節のために加水しているのなら、「うちは源泉率九〇パーセントです」と堂々と答えられるはずです。

もっとも、予約客からどんな質問を受けようが、自分がホンモノの温泉を提供しているという自信があれば、誠実に答えられるはず。「どうやって温度調節をしているのですか？」

「加水は何パーセントですか？」などと訊かれて不愉快そうな対応をするようなら、それだけで信用できませんね。

また、電話に出た従業員が、「私ではわかりかねますので担当者と代わります」などと答える宿も、やや問題があるといえるでしょう。どの従業員が出ても、待ってましたとばかりに「うちでは湯口を絞って……」と一所懸命に説明してくれるような温泉宿に泊まりたいものですが、いかがですか。

第4章

病気にならない温泉の魔法

「よろづや」（長野・湯田中温泉）

科学信仰の強い団塊の世代

ここまでの話で、「マガイモノ」や「ニセモノ」の温泉がいかに私たちにとって危ないものかということが、よくおわかりいただけたと思います。本来、温泉は身も心も健康にしてくれる「保養の場」。だとすれば、レジオネラ菌と塩素が浴槽のなかで戦っているような「マガイモノの温泉」は、その対極にあるものだといえるでしょう。

しかし、マガイモノの温泉が「体に悪い」というだけでは、ホンモノの温泉が「体にいい」、つまり積極的な意味で「心身再生の場」だとはいえません。「源泉一〇〇パーセント利用でかけ流し」の温泉は体に悪くはない、というだけのことです。

とはいえ、それが単に人畜無害の「毒にも薬にもならない」だけのものだったとしたら、日本がこれほどの温泉文化を築くことはなかったと私は思います。「毒」にならないどころか、健康の維持に欠かせない「薬」のような役目を果たしてくれるものだからこそ、日本人は昔から温泉を「保養の場」として活用してきたのではないでしょうか。

そこでこの章では、ホンモノの温泉が単に「体に悪くない」だけでなく、医学的な意味でも私たちの健康増進に役立つものだというお話をすることにしましょう。多くの日本人がそこを理解しなければ、温泉に「気分」だけを求める風潮はなくなりません。

そもそも、温泉が気分だけのものだと思われてきたのは戦後の日本で、その医学的な効用があまり研究されてこなかったせいでもあります。

前にも述べたとおり、温泉はそれぞれに含まれている成分が多種多様であり、共通の法則性が見出しにくいため、科学の研究対象にはあまり向いていません。そのうえ、戦後の日本は科学技術信仰が強く、健康に関しては西洋医学一辺倒の姿勢でやってきました。そのため温泉が健康に与える効果がほとんど顧《かえり》みられなかったのです。

西洋医学というぐらいですから、その社会的な影響力や浸透力は、日本よりも西洋のほうが強いはずだと思う人も多いでしょう。でも、そんなことはありません。

たとえばアメリカの大学では、西洋医学以外の代替医療を必修科目にしている医学部が、全体の四〇パーセント以上あります。日本には、そんな医学部はありません。医者の卵たちが六年間かけて学ぶのは、もっぱら西洋医学です。

また、約三二兆円もの日本の医療費は、そのほとんどが西洋医学によるもの。鍼灸《しんきゅう》などの代替医療も含まれてはいますが、それはほんの一部にすぎません。しかし欧米では何年も前から、代替医療費が西洋医学の医療費を上回っています。西洋医学の最先端を行くアメリカでさえ、代替医療への依存度が高まっているわけです。それだけ、人々が西洋医学の限界を感じているということでしょう。西洋医学に頼っているだけでは健康を維持することができないとわかっているから、多くの人が代替医療にお金を使っているのです。

ちなみに、私のもう一つの専門であるモンゴルでも、大学の医学部は六年制ですが、日本と異なる点は西洋医学コース・東洋医学コース・温泉医学コースの三つに分かれていることです。そう、温泉が「医学」の一分野として確立されているんですね。ところが、温泉についてはどこの国よりも深い文化をもっているはずの日本人に、そういう発想はありません。逆に、どこの国よりも西洋医学だけにしがみついているのが日本なのです。

そんな日本のなかでも、とりわけ代替医療に懐疑的な考え方をもっているのが、団塊の世代ではないでしょうか。これは多くの人が指摘していますし、その世代に属する私自身の実感でもありますが、団塊の世代はきわめて「科学信仰」の強い世代です。おそらく、日本の産業が一気に工業化した時期に生まれ育ち、テレビ、冷蔵庫、自動車といった「科学技術の果実」が身のまわりにふえていくことで豊かさを実感してきたために、それに対する「信仰心」が強くなったのでしょう。

だから医学についても、科学的に実証されたものしか信じない。長い年月をかけて蓄積されてきた経験則のようなものは、どんなに説得力があろうと見向きもしません。したがって当然、鍼灸に代表されるような代替医療は疑ってかかります。信用するのは、科学技術の粋《すい》を集めた近代的な医療機器を駆使する西洋医学だけ。その西洋医学が扱わない温泉が病気の予防や治療に効くなどという考え方は、最初から受けつけません。それもあって、団塊の世代には温泉に「気分」だけを求める人が多いのです。

医師は「病気の専門家」であって「健康の専門家」ではない

しかし、はたして西洋医学はそれほど万能なのでしょうか。

もちろん、それによって病気が治り、命を救われる人たちは大勢います。ですから、西洋医学が役に立たないなどというつもりはありません。ただ、人間の健康状態をよりよいものにするために西洋医学オンリーでよいのかというと、これはかなり疑問です。

というのも、この三十年間に日本では医師の数が二倍以上にふえ、二八万人です。その一方で、ガンで死ぬ人も二倍にふえ、三二万人もいます。この事実が、私が西洋医学一辺倒主義を疑問視し、温泉医学を見直さなければいけないと考えた一つのきっかけでもありました。

ふつうの人は、これだけ医師がふえているのにガンで死ぬ人が減っていないと聞くと、

「それだけガンという病気は治療が難しいんだな」と思うことでしょう。でも、私はそれとは別の印象をもちました。「西洋医学は、人間を病気にならない体にはしてくれないんだな」と思ったのです。

もし、医師が人間を病気にならない体にしてくれるなら、その人数がふえれば、ガンになる人は減るのではないでしょうか。しかし実際には、ガン患者が減るどころか、それで亡くなる人が倍の三二万人を超えています。ガンによる死亡者一〇〇万人突破は時間の問題とまでいう専門家もいます。発想があまりに単純すぎると思われるかもしれませんが、私にはそれが不思議に思えてならなかったのです。

たしかに、西洋医学のおかげでガンの治療に成功した人も大勢いるでしょう。しかし問題はそのあとです。ガンの治療を受けて退院した人々は、ほとんどが「再発の恐怖」に怯《おび》えているのではないですか。医師は手術や抗ガン剤などでガン細胞を取り除いてくれたかもしれませんが、患者を「二度とガンにならない体」にしてくれたわけではない。つまり、目の前の病気は治したけれど、患者を「健康」にしたわけではないということです。

私たちはいままで、医師に診てもらえば自分たちが「健康になれる」と思い込んできました。でも、それは錯覚だったのだと私は思います。ガンの治療を受けた人のことを考えればわかるとおり、「病気が治る」と「健康になる」は同じではありません。そして、医師は「病気を治す専門家」であって、「人を健康にする専門家」ではないのです。

たとえば人間ドックに行く人の目的は、「病気を治す」ではないでしょう。いまはとくに病気ではないけれど、自分の体をチェックして、より健康になるためにかかるのが人間ドックです。しかし実際にそこで行われるのは、全身をすみずみまで検査してあらゆるデータを集め、「病気を探す」作業にほかなりません。

そして、ちょっとでも西洋医学の決めた「正常値」から外れる数値があれば、それは「病気」とみなされる。当然、医師はその治療を始めます。たとえば血圧が高ければ、降圧剤を与えてそれを下げようとするでしょう。「不健康な体」を「健康な体」にするのではなく、「高血圧という病気」を治療しようとするのです。

どちらでも同じことだと思われるかもしれませんが、そんなことはありません。血圧が上がるのは、何か原因があるからでしょう。そうしないと何か不都合があるから、体は血圧を上げようとする。それを薬で下げただけでは、根本的な原因は何も解決しません。それどころか、血圧を無理に下げることで体のほかの部分に悪影響が及ぶのではないかと思います。

ですから、患者を「病気にならない健康な体」にしようと思うなら、血圧が高くなる原因を明らかにして、それを改善するのが筋でしょう。もし食事などの生活習慣に原因があるならば、それを正さないことには、体は「血圧が上がりやすい状態」のままです。患者は、その不健康さを抱えたまま、いつまでも薬を飲みつづけなければなりません。

医師のなかには、生活指導を行うことで「血圧の上がらない体」にさせようとする人もいますが、大半の医師は、そうやって対症療法で血圧を下げるだけ。数値さえ正常に戻せば「病気を治した」ことにはなるのでしょうが、つねに薬を手放せないようでは、患者を「健康にした」などといえるわけがありません。

それが西洋医学のやっていることだとしたら、自分の健康をすべて医師に委ねるわけにはいかないと思いませんか。健康を損ねてしまったら「病気の専門家」に診てもらうのは当然でしょうが、それ以前に、「病気にならないこと」が真の健康というものでしょう。

でも、西洋医学だけを学んできた医師たちは、なかなかそれを与えてはくれません。それぞれの人が、自分自身で手に入れるしかないのです。とくに、これから続々と定年を迎える団塊の世代にとっては、楽しい老後を過ごすためにも健康がいちばん。これまでのように西洋医学だけに頼っていたのでは、元気に旅行に出かけておいしいものを食べることができなくなる恐れもあります。

温泉医学の創始者・後藤艮山

さて、そこで健康維持に温泉を使おうという話になるわけですが、じつのところ、これは日本人にとって決して目新しい考えではありません。それをめずらしいと感じるのは、西洋医学にどっぷり浸かり、温泉を気分でしか味わってこなかった戦後の日本人だけ。昔の日本には、温泉を人々の健康に役立てようと考えた医学者たちがいました。

その先駆者が、江戸中期の日本でナンバーワンの名医として活躍した後藤艮山《こんざん》（一六五九～一七三三）です。まだ蘭学が本格的に入ってくる前の時代、二〇〇人もの弟子を抱えていた艮山の一派は日本の医学を大きく変革する活動を行い、のちに「古方派」とも呼ばれました。

たとえば、みなさんは江戸時代を舞台にしたドラマや映画で、ちょんまげを結《ゆ》った町医者の姿を見たことがあるでしょう。じつは、あのスタイルを最初につくりあげたのが後藤艮山です。それまでの医者は「僧医」と呼ばれ、みんな剃髪《ていはつ》して袈裟《けさ》などを着ていました。お坊さんとしての官位を受けた人が、医者をやっていたのです。

でも、この僧医たちはどうしても権威主義的になりがちで、一般庶民のことは相手にしません。しかし艮山は、いかにして庶民たちの病気を治すかということを考えていました。そこで、まずは目に見える姿形から変えるべきだということで、庶民と同じ平服を着用し、髪も束ねるようにしたのです。

もちろん、外見を庶民的にしただけではありません。貧しい庶民たちの病気を治すには、身分の高い人たちしか買えない高価な薬に頼らない方法を考える必要があります。そのため艮山は、昔から日本人が行ってきた伝統的な民間療法のなかから、効き目のあるものを見つけようとしました。

そんな艮山のコンセプトは、彼の異名にも表れています。艮山は世間の人々から「湯熊《ゆのくま》灸庵《きゆうあん》」という別名で呼ばれていました。湯（温泉）、熊肝《くまのい》、お灸などの民間医療を、患者の治療に積極的に取り入れていたからです。

奈良時代から平安時代にかけて、温泉は神道における「禊」の場でした。しかし鎌倉時代になると、それが「保養の場」になります。ちなみに、歴史文献のなかではじめて温泉を利用した「湯治」という言葉が登場するのは、『新古今和歌集』の選者である藤原定家が書いた『名月記』。そのころから、貴族たちは温泉を健康のために使っていたわけです。艮山はそこに目をつけ、これを庶民のために利用しようと考えたのでしょう。

一気留滞説の「気」が示すもの

それと同時に、艮山はそれまで主流だった中国の医学を、実証的なかたちで見直す作業を進めました。「陰陽五行」をはじめとする観念的な中国医学のなかで、何がほんとうに効き目があるのかを明らかにしようとしたのです。

そういった研究のなかからは、独自の病因論も生まれました。それが、「一気留滞説」と呼ばれるもの。あらゆる病気は体のなかで「気」の流れが滞ることから生じる、という考え方で、これは艮山の弟子筋にあたる吉益東洞《よしますとうどう》（一七〇二〜七三。「毒を以て毒を制す」の言葉で有名な江戸期随一の漢方医学者）の「万病一毒説」と並ぶ、日本独自の病因論として知られています。

科学信仰の強い人たちは、「気」という言葉を聞いただけで何か胡散《うさん》臭いものを感じるかもしれません。そんな、実在するのかどうかアヤシイものが万病の原因だなんて、やっぱり江戸時代の医学は遅れていたのだと思う人も多いでしょう。

でも、艮山の一気留滞説における「気」とは、おそらく自律神経のことを指しているのだろうと私は見ています。あるいは、血流やホルモン分泌のことだといってもいいでしょう。

自律神経は血流をコントロールしていますし、ホルモン分泌にも影響を与えているからです。その自律神経が異常を起こせば、血流やホルモン分泌が乱れますから、病気になる。まだ自律神経やホルモン分泌に関する知識がない時代に、艮山は「気」という言葉で直観的にそれをとらえていたのではないでしょうか。

そう考えれば、彼の一気留滞説は決してアヤシイものではありません。しかも彼は、滞った「気」が正しく流れるようにするには、なるべく熱い温泉に入ったほうがよいと説いています。くわしくはのちほどお話ししますが、現在、温泉浴には白血球のはたらきを適正に調整する効果があることがわかっています。そして新潟大学医学部の安保徹教授（免疫学）によると、白血球は自律神経をコントロールする役割をもっている。艮山の着眼点がいかに鋭いものだったか、それだけでもよくわかるのではないでしょうか。

湯治の普及における家康の功績

こうして、日本の「温泉医学」は後藤艮山によって始められます。とはいえ、艮山には著作らしい著作がなく、彼の学問は弟子が聞き書きすることで後世に残されました。日本で最初の温泉医学書となったのも、艮山の一番弟子である香川修徳《しゅうとく》（一六八三〜一七五五）がまとめたものです。『一本堂薬選』という日本で最初に薬について書かれた本の続編（一七三八年）のなかで、香川修徳は艮山の温泉理論を世に広く伝えようとしました。

それだけではありません。『一本堂薬選』続編が出て以降、多くの医学者たちが湯治に関する本を書いています。医者ではありませんが、あの貝原益軒（一六三〇～一七一四）も、有名な『養生訓』のなかで温泉の効用についてふれています。そこには「温泉は飲んではいけない」という決定的な間違いも書かれているのですが、湯治というものを一般庶民に広めるうえでは、こうした通俗的な健康本も大きな役割を果たしたのだろうと思います。その結果、江戸時代の中期あたりから、日本では湯治が庶民のあいだで爆発的なブームとなりました。

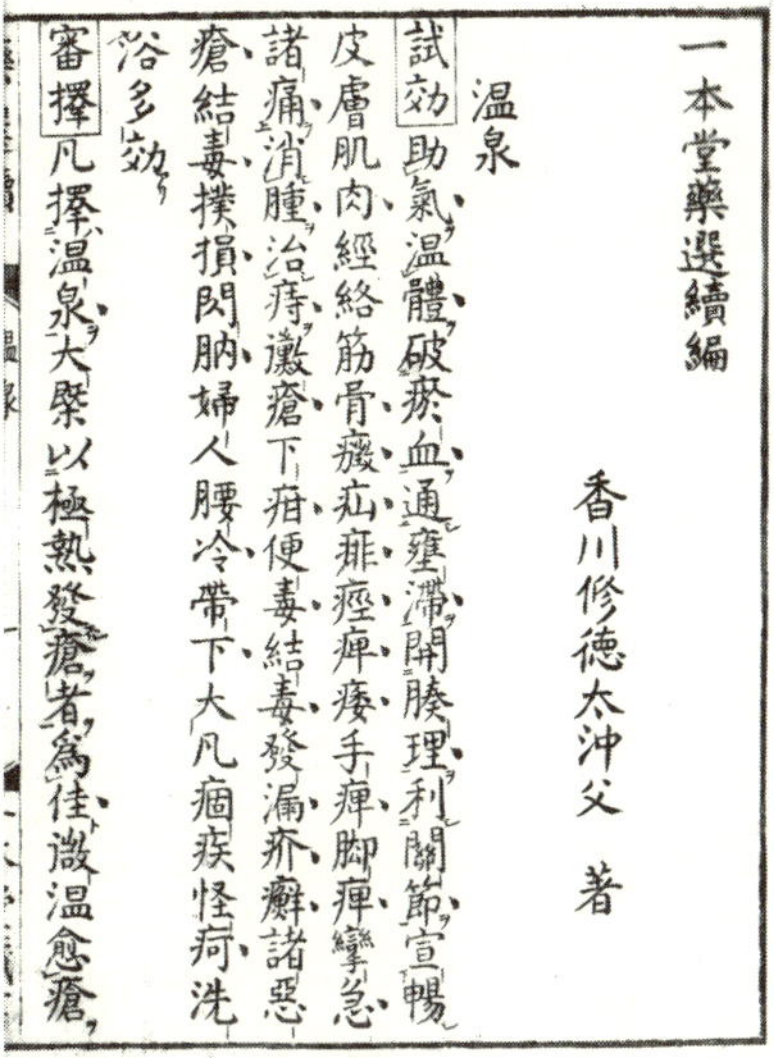
一本堂藥選續編

香川修徳太沖父　著

温泉

試効　助氣温體破瘀血通壅滯開腠理利關節宣暢皮膚肌肉經絡筋骨癥疝痱痙痺痿手痺脚痺攣急諸痛消腫治痔瀲瘡下疳便毒結毒發漏疥癬諸惡瘡結毒撲損閃朒婦人腰冷帶下大凡痼疾怪病洗浴多効

審擇　凡擇温泉大緊以極熱發瘡者為佳微温愈瘡

香川修徳『一本堂薬選続編』

ただし、それを可能にするだけの下地が、すでにつくられていたことも忘れてはいけません。鎌倉時代は温泉を貴族たちが独り占めしていたわけで、その習慣が続いていたら、いくら温泉医学が発達しても、そう簡単に庶民が湯治をするようにはならなかったでしょう。

たとえば中国では、現在も温泉に行くのは、もっぱらビジネスで成功した「勝ち組」の人たちです。福建省あたりには立派な温泉リゾート施設があり、かなりのブームになってはいますが、だれもが気楽に行けるわけではありません。そこでゆっくり温泉に浸かり、何人もの女性にマッサージを受けたりしながら古典を読んだりするのが、ある種のステータスシンボルになっているのです。

日本の温泉がそういうものにならなかったのは、じつはあの徳川家康のおかげでした。家康は一六〇四年（慶長九）に熱海で湯治をしていますが、彼がえらいのは、このとき風呂を「将軍様」や「大名」だけが使うものとせず、下々の者たちにも開放したことです。

もちろん同じ湯船に浸かったわけではなく、将軍と武士たちでは風呂も分かれていましたが、これを全国各地の諸大名たちも見習いました。たとえば道後温泉には、松平家の殿様が庶民用の風呂や牛馬用の風呂などをつくりましたが、それも家康の意向に添うかたちでやったことでしょう。こうして江戸時代の前期から一般庶民が温泉に浸かる文化が芽生えていたために、江戸中期に確立される温泉医学によって、湯治ブームに火がついたというわけです。

温泉保養地をつくろうとした「近代医学の父」

それ以来、たとえば江戸に住んでいる人なら、一カ月の休みをとり、箱根で湯治をするようになりました。往復に三、四日かかる時代ですから、実質的に湯治に費やすのは三週間。これは「病気を治す」だけではなく「病気にならない体をつくる」、つまり「予防」も大きなウエートを占めていました。

そもそも東洋医学というのは、「治療」を得意とする西洋医学に対して、病気の予防により力を発揮するもの。日本で生まれた温泉医学も、例外ではありません。そして、少なくとも明治から大正を経て戦前まで、多くの日本人が湯治によって健康維持を図っていました。

当然、多くの人々が実感できるだけの効き目があったから、湯治は庶民の習慣として長く続いたのでしょう。三週間も費やして効果がないのなら、単なる一過性のブームで終わっていたはずです。

明治時代には、そんな温泉療法に注目した外国の医学者もいました。ヨーロッパの近代医学を教えるために、お雇い外国人として東京医学校（現在の東京大学医学部）に招かれたドイツ人医師、エルヴィン・フォン・ベルツです。

日本における〝近代医学の父〟として知られ、東大病院に銅像も建っている人物ですが、彼は日本人に医学を教えるばかりでなく、日本からも大きなものを学びました。「保養の場」としての温泉の効用に目覚めたのです。

一八七六年（明治九）に来日したベルツは、その数年後から草津温泉に足を運ぶようになりました。彼は温泉のすばらしさを知り、この湯治場に医師が関与するようになれば、温泉療法の世界的な中心地になるはずだと考えます。考えただけではありません。みずから草津に約六〇〇〇坪もの土地を購入し、温泉保養地をつくろうとしたのです。

ただし草津村議会が外国人への配湯を許可しなかったため、この試みは頓挫《とんざ》し、ベルツは失意のもとにハナコ夫人とともに日本を去りました。しかし、「近代医学の父」と謳われる人物が、本気で湯治場の建設に取り組もうとしたのは事実です。西洋医学を重視し、温泉をそれとは相容れないものだと考えて軽視している現代の日本人は、この事実をしっかりと受け止める必要があるのではないでしょうか。

戦後の日本人はベルツのような医学者がいたことを忘れ、ひたすら西洋医学を追いかけるなかで、先人たちが江戸時代から脈々と築き上げてきた温泉医学を封じ込めてしまいました。

それを研究する大学がまったくないわけではないものの、ほとんどは研究のための研究に終わってしまい、その成果を医療の現場にフィードバックすることがありません。

しかも多くの温泉病院が、責任者が定年で現場を去った順に次々と閉鎖されていきました。現在、温泉医学を手がけている大学病院は、岡山大学と鹿児島大学の二つしかありません。文部省（現・文部科学省）が温泉医学をすでに役割を終えた「過去のもの」と考えていたのは明らかです。戦後の日本は多くのものを失ってきましたが、これもきわめて大きな損失の一つといわざるをえません。

エルヴィン・フォン・ベルツ

医者ほど温泉好きな人種はいない

こうして日本の温泉医学は、西洋医学に駆逐《くちく》されてしまいました。しかし、その西洋医学を実践している医師たちが、自分たちの生活のなかで温泉を軽視しているわけではないのがおもしろいところではないでしょうか。私はよく医師会や看護師会、病院などに呼ばれて現役医師たちの前で講演をすることがあるのですが、そのとき、こんな台詞で話を始めることがあります。

「世の中に、あなた方ほど温泉の効用を信じない人種はいませんね」

これを聞くと、医師たちはみんな苦笑します。日頃から温泉の効用を力説している学者が、皮肉をいっていると思うのでしょう。でも、続けて私がこういうと、みんな真剣な顔をして身を乗り出してきます。

「……でも、それと同時に、あなた方ほど温泉の好きな人種もいないみたいですよ」

西洋医学を学んできた医師たちが、温泉の効き目を信用できないのも無理はないでしょう。温泉分析書に書かれている成分の量は、彼らがいつも薬剤師に調合させている薬にくらべると、ほんの微々たるものにすぎません。薬がいくらでも濃度を高められることを考えれば、温泉成分の効果など信じるわけにはいかないのです。

しかし一方で、私の見たところ、温泉の嫌いなお医者さんはほとんどいない。みんな忙しくはたらいているにもかかわらず（いや、だからこそでしょうか）、仕事の合間を縫《ぬ》って遠くの温泉地まで足を運んでいます。秘湯ファンのお医者さんも多いのです。

はたして、これは「気分」だけの問題でしょうか。単なる気分転換のために、医師たちは温泉旅行をするのでしょうか。

私はそうは思いません。体に効いている、疲れた体が元気になるという実感があるからこそ、彼らは温泉に浸かりに行くのだと思います。頭では信じていないけれど、体はその効果を知っている。おそらく後藤艮山やベルツも、そういう実感からくる信念によって、温泉医学に大きな可能性を見出したのではないでしょうか。

ガン細胞は体温が三五度台でもっとも増殖する

しかし温泉の効き目を説明するうえで、「実感」や「信念」、あるいは「経験則」といったものに照らして語るだけでは、説得力に欠けるのも確かです。団塊の世代をはじめ、科学信仰の強い現代人にそのすばらしさを納得してもらうためには、もっと客観的な根拠を示す必要があるでしょう。

では、なぜ温泉は体にいいのか。ここからはそれを、西洋医学の分野で得られた知見を絡めながらお話ししていくことにしましょう。戦後の日本では西洋医学が温泉医学を追い払いましたが、この両者は決して水と油の関係ではありません。ともに協力し合いながら、人々の健康に寄与する知識やノウハウをつくりあげることができるものだと私は思っています。

とはいえ、先ほども述べたように、温泉の「成分」に着目しているだけでは、自由自在に薬を調合している西洋医学に見向きもされないのも事実。いくら「この成分はこの病気に効く」と主張したところで、西洋医学の医師は「仮にそうだとしても、その成分は人工的に調合可能だから、温泉に入る必要はない」というでしょう。

でも、温泉に入ることで私たちが得るものは、そこに含まれた各種の成分だけではありません。日常と違う場所に行くことによる転地効果のような精神的なものは抜きにして、肉体的なものだけに限っても、きわめて重要な要素があります。それは「温熱効果」です。

体を温めるだけなら、わざわざ温泉に行く必要はない、家庭の風呂で十分だろう、と思う人もいるでしょうね。

しかし、温泉と家庭の風呂とでは、その温熱効果に大きな差があります。温泉はさまざまな天然成分を含んだ、私たちの細胞を活性化してくれる「還元力」のある〝生きたお湯〟なので、体が温まりやすく、冷めにくい。一方、家庭の風呂は塩素が入っているために、体温が下がりやすいのです。それはそうでしょう。塩素は体に悪い物質ですから、なるべく除去したい。そこで人体は体温を下げることで、その侵入を防御しようとするわけです。

もちろん、温熱効果のことを別にしても、水道水に含まれた塩素そのものが健康を害するのはいうまでもありません。その意味でも、温泉のほうが家庭の風呂よりはるかに体にいいのです。

さて、それでは体を温めるとどうして健康によいのでしょうか。

理由の一つは、それがガンの予防になる可能性があるということです。

最近の研究によれば、ガン細胞は体温が三五度台のときにもっとも活性化し、増殖のペースを速めることがわかってきました。つまり体温が低いほど、ガンが広がりやすいということです。

逆に、体温が三九度台の後半まで上がると、ガン細胞は死んでしまう。そのため、たとえば愛知医科大学の伊藤要子先生は、週に一度、患者の体温を四三度以上まで高めることでガン細胞を退治する治療法を試みています。これに治療効果があるとすれば、温泉浴による温熱作用にも、少なくともガンの予防効果はあると考えられるのではないでしょうか。

発熱は自然治癒力の表れ

また、体温を高めることは免疫力のアップにもつながります。

白血球のなかにあるリンパ球は、風邪のウイルスやガン細胞と戦う細胞ですが、このリンパ球は体温が三七・二度以上になると戦闘を開始します。だから私たちは風邪を引くと熱を出すわけで、これは人体の自然治癒力がはたらいているからなのです。

ところが私たちは往々にして、「発熱＝病気」だと思い込んでしまい、「熱を下げる」ことが「風邪を治す」ことだと勘違いしがち。せっかく風邪と戦うために体温が上がっているのに、解熱剤を使ってそれを無理やり下げようとすることが多いのではないでしょうか。自分たちに備わっている自然治癒力をわざわざ封じ込めるようなことをしているわけです。

もちろん、「とにかく熱を下げてくれ」という患者の希望に唯々諾々《いいだくだく》と従う医師にも責任があるでしょう。紀元前四世紀に活躍し、のちに〝西洋医学の祖〟あるいは〝医聖〟と称されるようになったヒポクラテスは、人間の病気が治っていく様子を観察した結果、治癒のプロセスには「発熱」か「化膿《かのう》」がともなうことを見抜きました。それがあるから、人間は自分で病気やケガを治すことができるのです。

しかし発熱も化膿も、いまや「あってはならない現象」のように見られ、それを食い止めるための治療ばかりが行われています。いまだに二千四百年前のヒポクラテスを超えられない医師が多いということなのでしょうか。たしかに、そのおかげで昔よりも早く病気やケガが治るようにはなったかもしれませんが、その代わりに、人間の生命力はどんどん衰えているように思えてなりません。

ともあれ、人間の体は三七度台まで体温が上がると自然治癒力を発揮します。だとすれば、平熱は高いほうが有利だといえるでしょう。風邪を引いたとき、できるだけ早く体温が三七度まで上がったほうが、ウイルスに早く対応できるからです。

ところが現実には、それとは逆のことが起きています。いまの日本人は、昔よりも平均体温が下がっているのです。私が子どものころ、日本人の平均体温は三六度台の半ばでした。私は野球と釣り、スキーに明け暮れた勉強嫌いの小学生だったので、学校で習ったことはほとんど身についていませんが、この「日本人の平熱は三六・五度」と「日本の水は世界一おいしい」という二つのことだけは、先生がくりかえし教えてくれたせいか、やけにしっかりと覚えています。それくらい、当たり前の常識だったということでしょう。

しかしいまは、それが二つとも常識ではなくなってしまいました。世界一おいしい水が流れていたはずの国の人々が、いまやガソリンよりも値段の高いミネラルウォーターを買って飲んでいます。そして体温も、「平熱が三五度台」という人が非常にふえました。平熱は若い人のほうが高いものですが、以前、私が教えている学生たちに「平熱が三五度台の人は？」と尋ねてみたところ、かなりの人数の手が挙がっただけでなく、なかに三四度台の女子学生までいたのにはびっくりしたものです。

これは、まさに「生命力の低下」を意味してはいないでしょうか。前述したとおり、ガン細胞は体温が三五度台のときにもっとも増殖します。また、平熱が三五度台では、リンパ球がウイルスやガン細胞との戦いを始める「スイッチ」がなかなか入りません。

シャワー文化が日本人の平熱を下げた？

日本人の平均体温が下がっているとしたら、それは入浴習慣の変化と無縁ではないでしょう。温泉にくらべると、家庭の風呂は温熱効果が低いのですが、それでも日常的に入っていれば効果はあります。

そして、昔の日本人は毎日「ゆっくり肩まで湯に浸かる」のを慣《なら》わしにしていました。おそらく、いまの若い人たちばかりか団塊の世代でも、風呂場は何をする場所かと問われたら、ほとんどが「汚れた体をきれいに洗う場所」だと答えるでしょう。しかし本来、風呂は日本人にとって、「くつろぎの場所」であると同時に「体を温める場所」、つまり免疫力を高める場でもあったのです。

欧米流のシャワー文化が浸透した結果、そういう感覚は失われてしまいました。シャワーがあれば、いちいち浴槽にお湯を溜めて浸からなくても、体をきれいに洗うことはできます。実際、とくに夏場などは、シャワーだけで「入浴」をすませている人がずいぶん多いようです。

それが日常化したために、「風呂で体を温める」ことの意味を日本人は忘れてしまいました。いまの子どもたちのなかに、親から「ちゃんと肩まで浸かりなさい」と叱られている子はめったにいないと思います。すでに親の世代が「シャワー文化」で育っているのですから、それも無理はありません。シャワーでは表面の汚れは流せても、血液の代謝は活発にならないので、血液中の老廃物は排出できません。いま流行のデトックス（解毒）にはならないのです。

さらには、前述したとおり、いまや温泉旅館でさえ、浴室にシャワーがないとお客さんに嫌がられるようになってしまいました。欧米の「洗い流す文化」によって、日本の「体を温める文化」が、文字どおり洗い流されてしまったわけです。

私は、これまで日本人の平均寿命が世界一の水準を誇ってきたのは、じっくりと体を温める入浴習慣をもっていたことも一つの大きな要因だろうと思っています。ところが戦後の日本人は、その伝統的な知恵を捨ててしまいました。それに加えて、肉食を中心にした欧米風の食習慣が広まったことも、平熱を下げる一因になっているかもしれません。肉食中心の欧米人の平熱は日本人より一度は低いといわれています。

いずれにしろ、日本人の健康度が体温の低下とともに下がっているのはまず間違いないでしょう。かつては、体温が一度下がれば、人間の免疫力は三〇パーセント以上落ちるといわれていました。最近では『病気にならない生き方』（サンマーク出版）の著者である新谷弘実先生が、「体温が〇・五度下がると免疫力は三七パーセント落ちる」というデータを示しています。逆に平熱を一度上げれば免疫力が五、六倍も上がるといわれます。病気になりにくい健康な体になろうと思ったら、何よりもまず、いかにして体温を上げるかを考えなければいけません。

温泉浴の消費カロリーは縄跳びと同じ

いうまでもなく、そこで見直してもらいたいのが温泉です。もちろん、日常的には家庭の入浴習慣を取り戻すことが必要ですが、その効果には限界がある。だから昔の日本人は定期的に湯治場へ行き、集中的にじっくりと体を温めることで、自分たちの免疫力が低下するのを防いでいました。いえ、もっと積極的に平熱を上げ、予防医学に励んでいたのです。一週間しっかり湯治をすると、低体温が一度程度上昇することはめずらしくありません。

ホンモノの温泉を一度でも味わったことのある人なら、それが家庭の風呂よりもはるかに温まりやすく冷めにくいことを実感しているはずです。とくに食塩泉などは、入浴から何時間か過ぎても体が冷えず、布団に入ってからもポカポカして汗が出る。そこまでの温熱効果は、温泉以外では得られません。

また、「湯治」というとお湯に浸かるだけが保養の手段だというイメージがありますが、温泉地ではそれ以外にも、体のために重要な要素があります。それは、「散歩」です。昔から、温泉地での保養には散歩がつきものでした。

それこそ熱海で湯治を行った徳川家康や諸大名にしても、ただ湯に浸かっただけではなく、浜に出て漁師が網を上げるのを見物したり、足を延ばして伊豆山《いずさん》温泉の走り湯権現を見に行ったり、神社仏閣を訪ね歩いたりなど、あちらこちらを散歩していたという記録が残っています。現代人も、温泉地に行けば周辺の山や川や海などの景色を楽しみながら散策する人が多いのではないでしょうか。

これは、単なる暇つぶしや観光ではありません。そのつもりで散歩をしている人も多いとは思いますが、本来はそこにも保養上の意味があります。適度な運動をすることで下半身が熱をもち、温泉に入ることで高まった体温を維持することができるのです。

ただし温泉は湯に浸かるだけでも相当な体力を使うので、運動量はそれも考えながら調節しなければいけません。入浴中は「体を休めている状態」だと思いがちですが、じっとしたまま五分間温泉に浸かった場合、その消費カロリーはじつに五分間の縄跳びとほとんど変わらないのです。

したがって、温泉つきのリゾート施設に行って、テニスやゴルフなどで激しく運動したあとすぐに風呂に入ったりするのは、体を疲れさせるだけ。そんな間違った入り方をしているから、温泉旅行から帰ったときにはぐったりとしてしまい、家に着いたとたんに「温泉に入りたい」などということになるのです。

たとえば若山牧水は、長い道のりを歩いて温泉旅館に行くと、到着した日は風呂に入らないと書いています。一日目は体を休めて、二日目から湯に浸かるというんですね。現代人はこれを聞くと「何のために温泉に行くんだ？」と思うでしょうが、本来はこれが正しい温泉の入り方。江戸時代などは、湯治場に到着するまでもっと日数がかかりましたから、二日目までは湯に浸からないのが当たり前でした。一日目はまったく湯に触れず、二日目はかけ湯だけして、三日目から入浴していたのです。

いまは新幹線や車ですぐに温泉地まで行けるとはいえ、半日がかりの移動はやはり体力を消耗するものでしょう。仕事をしている人はそんなに長い休暇もとれないので、「入浴は二日目から」と悠長なことはいっていられないと思いますが、せめて到着してすぐに湯船に飛び込むような真似は避けてほしいと思います。部屋でお茶を飲んだりしながらしばらく体を休めてから、おもむろに湯に浸かる。それが「保養の場」としての温泉の正しい利用法なのです。

一泊二日の温泉浴でも効果は一週間持続する

温泉浴が運動と同じ効果をもつのは、消費カロリーの面だけではありません。金沢医科大学の山口宣夫教授（血清学）は、一泊二日のあいだに三回の入湯をするだけで、四キロの道のりを一時間かけて歩くのと同じような作用があることを、免疫学的に裏づけるデータを発表しています。それだけの温泉浴でも、免疫機能を担う白血球の数やはたらきが適正な数値に調節されるというのです。

白血球というのは、ただ数が多くて活発ならいいというものではありません。少なすぎてはいけないのはもちろんですが、多すぎてもいけない。歳をとると白血球が減少して免疫力の低下を招きますが、それが多すぎると、さまざまなストレスによって血液中に活性酸素がたくさん生じてしまい、それも健康を害する原因になるのです。

ですから健康維持のためにはあくまでも適正値を保つことが大事。山口教授の調査では、二十歳から六十五歳までの健康な男女一二六人を四一度の温泉に二日間で三回入らせた（一回あたり平均二十分）ところ、白血球の数が少ない年代（三十五歳以上）では平均で約二五パーセントの増加、白血球の数が多い年代（三十五歳未満）では約六パーセントの減少が見られました。また、免疫力は白血球全体の数だけでなく、顆粒球《かりゅうきゅう》（ウイルスやバクテリアを食べる防御細胞）とリンパ球のバランスにも左右されるのですが、温泉浴にはその割合を適正に調整する効果もあることが実証されたといいます。顆粒球の過剰な人はリンパ球がふえ、リンパ球が過剰な人は顆粒球がふえたのです。

しかも（ここが最大のポイントなのですが）その免疫力に対する効果は、温泉に入った直後だけで終わってしまうものではありません。一泊二日の滞在で得られた効き目が、約一週間も持続することがわかりました。これこそが、日本人の生み出した湯治が「予防医学」としての意義をもっている証拠だといえるでしょう。

というのも、山口教授の調査がどこの温泉地で実施されたのかはわかりませんが、大学のある石川県の温泉だとすると、県の条例によって基本的には塩素が投入されていることになります。つまり私のいう「マガイモノの温泉」である可能性が高いわけで、それでもこれだけの効果があったとなれば、源泉一〇〇パーセント利用でかけ流しの「ホンモノの温泉」なら、その効き目はもっと長持ちするでしょう。私の経験からいって、健康な人がホンモノの温泉に二、三泊のプチ湯治をすれば、そこで高まった免疫力は一カ月近くは維持されるのではないでしょうか。

そして昔の日本人は半年に一度、そういう温泉で三週間もかけて湯治を行っていました。それだけ滞在して湯に浸かり、じっくり体を温めていれば、温泉地から帰ったあとも六カ月ぐらいは高い免疫力をキープできたはずです。つまり、一度の湯治で半年は病気にならない体をつくることができた。それが経験的にわかっていたから、多くの人々が年に二度の湯治を習慣づけていたわけです。きわめて合理的な病気予防法だといえるのではないでしょうか。

これが、日本を「世界一の長寿国」にする一因になっていたのだと思います。

風呂で汗を出すな

この偉大な伝統の知恵を、現代の私たちが活かさないのは、じつにもったいないことではないでしょうか。これまで温泉を「気分」だけのものだと思ってきた団塊の世代には、先人たちが発見した湯治の意味を正しく理解し、それを実践して元気な第二の人生を過ごしながら、この文化遺産を次の世代にも伝えていく責任があるとさえ私は思います。

いま私は「意味を正しく理解」しなければいけないといいましたが、そのなかでもいちばん重要なのは、湯治が「体を温める」ために行うものだという点でしょう。湯治というと、どうしても温泉に含まれた成分と「適応症」の関係に注目しがちですが、一部の泉質を除いて、実際は、これにあまりこだわる必要はないと考えています。

もちろん、長い歴史のなかで「この温泉ではこの病気が治った」ということが経験的に実証されている温泉地なら、それもある程度はあてになるでしょう。しかし多くの場合、温泉分析書に書かれた適応症というのは、過去の実績に基づいているわけではありません。その温泉でサンプル調査を行っているのではなく、単に「この成分が含まれていればこの適応症を記してよい」という国の決めたルールに従って、画一的に許可されているだけです。すべて違う特徴をもっているといっても過言ではない天然の温泉に、そんな人間の決めた基準が正しく当てはまるわけがありません。

ですから、細かい成分や効能にとらわれていると、湯治の本質を見誤ることになってしまいます。大事なのは、あくまでも鮮度の高い「ホンモノの温泉」で「体を温める」こと。それが白血球の機能を高めるポイントです。それが個別の症状を治癒することにつながると考えたほうがいいでしょう。このことを肝に銘じておけば、正しい温泉の入り方もおのずとわかるはずです。

たとえば、「風呂上がりの直後に冷たいビール」は○か×か。このパターンが大好きな人も団塊の世代に多いのですが、答えは当然ながら×です。せっかく温めた体を体内から急激に冷やしてしまったのでは、すべて台無しになると思ってください。これほど愚かな行為はありません。

では、風呂上がりには何を飲めばいいのか。水ではなくお茶ですね。アルコールでしたら、昔の日本人が温泉旅館で何を飲んでいたかを考えればすぐにわかるでしょう。そう、昔はみんな、日本酒を熱燗《あつかん》で飲んでいました。そもそも江戸時代にはビールなんかなかったので、飲もうと思っても飲めなかったでしょうが、体を温めるために温泉に入るという目的意識がはっきりしていた人々が、そんなものを飲みたがるとは思えません。「意味」を理解していたからこそ、自然と熱燗に手が伸びたのです。

それに、温泉に正しい入り方をしていれば、すぐにビールを口にしたくなるほど喉が渇くことはありません。風呂で喉がカラカラに渇くほど汗を出すからいけないのです。江戸時代の温泉医学者は、その指南書のなかで「風呂で汗を出すな」と書いています。そんなに長々と浸からないで、額にちょっと汗が滲むくらいになったら、湯船からすぐ上がる。それを何度かくりかえします。先ほどいったように、温泉浴は意外に体力を消耗するものですから、それくらいでちょうどいいのです。

ちなみに私の場合、風呂場には四十分から五十分くらいいますが、そのあいだに四回ほど湯船に入ったり出たりをくりかえします。最初はかけ湯をして湯船に入り、ゆっくり二〇〇数えてから出る。それだけでかなり血のめぐりがよくなりますから、二回目以降は一〇〇くらいしか数えません。体質は人それぞれですから一概にはいえませんが、このパターンだとそんなに喉は渇きません。

風呂から上がったあとも含めて湯治

また、温泉の温熱効果を最大限に活かすためには、飲み物のこと以外にも気をつけなければいけないことがあります。一つは、風呂から上がったあとに、さっさと体を拭いて脱衣所を出ないこと。これをやると、部屋に戻ってから汗が噴き出して、体が冷えてしまいます。

ですから、風呂から上がったら手ぬぐいで軽く体を拭いてから、しばらく脱衣所で汗を出す。ホンモノのよい温泉ほど、上がってから玉の汗が出てくるものです。うまく血液がめぐっている証です。それを、ゆっくり時間をかけて出しきってください。この間、水は飲まないでください。

十分から十五分はかかるので、せっかちな人は待ちきれないかもしれませんが、温泉地に行った以上、それくらいの余裕はもたないと意味がないでしょう。汗が出尽くしたら、バスタオルで全身を拭いて、浴衣を着ます。こうすると、あとから汗をかいて浴衣がベタベタになることもありません。

加えてもう一つ、風呂からの上がり方について江戸時代の温泉学者が書いていることを紹介しておきましょう。「風呂から上がってすぐ寝るな」というものです。これはどういう意味か。私の解釈はこうです。風呂から上がって汗を出したあと、人間の体は毛穴が開いた状態になっています。そこには、外から冷たい空気が入り込むでしょう。しかも体が温まっていますから、布団をとくにかけないで寝てしまう可能性が高い。そのため、せっかく温まった体が冷えてしまい、下手をすれば免疫力が高まるどころか風邪を引いて帰ることになりかねないわけです。

湯治は「温泉に入って健康になる」ものですが、ただ入ればいいというものではありません。じつは、風呂からの「上がり方」が大事。お湯から出たあとも含めて湯治なのだということを、よく肝に銘じておいてほしいと思います。

いくらホンモノの温泉を選んでも、こうした正しい知恵を身につけていなければ、それは「ホンモノの温泉浴」にはなりません。しかし、湯治の本質さえきちんとわきまえていれば、たとえ二泊三日程度の短い滞在でも、それはあなたの免疫力を確実に高め、心身をリフレッシュしてくれることでしょう。定年を迎えて時間に余裕のある団塊の世代なら、二泊三日のプチ湯治を年に三、四回（四泊五日なら二、三回）もやれば、元気で豊かな第二の人生を送ることができるはず。もちろん、本格的に一週間以上の湯治をする心の余裕のある人は、私にいわせると人生の勝利者でしょう。ぜひ、夫婦でホンモノの温泉地を訪れ、身も心もじっくりと温め、体と心の免疫力を高めてもらいたいものです。そうして、これまで以上に豊かな、ホンモノ志向の人生を楽しんでください。

第5章

平成温泉旅館番付

行司：温泉教授　松田忠徳

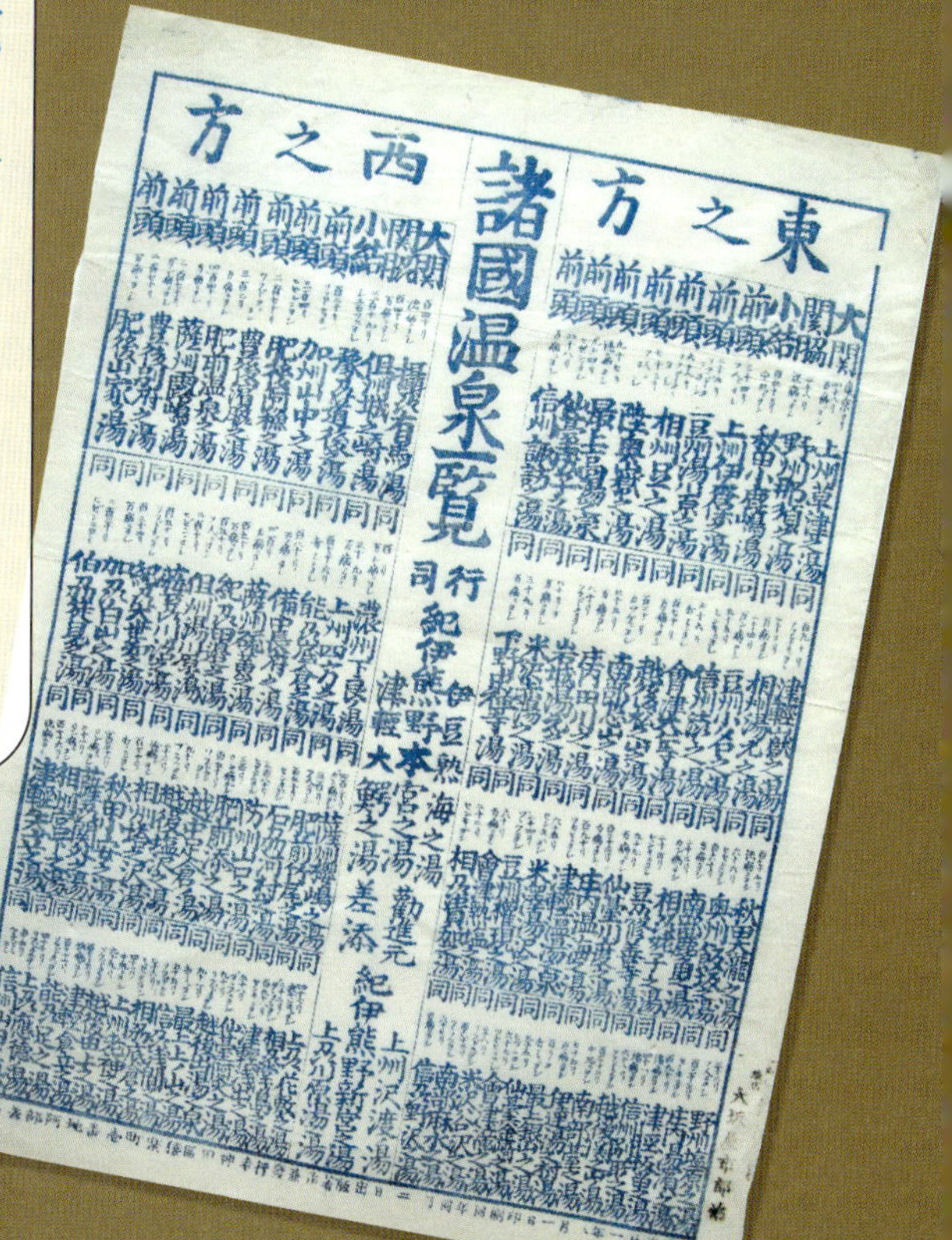

明治前期の温泉番付

西

横綱 岐阜 湯元長座
横綱 鹿児島 妙見石原荘
大関 石川 あらや滔々庵
大関 兵庫 陶泉御所坊
関脇 熊本 新明館
関脇 鳥取 岩井屋
小結 熊本 山河旅館
小結 大分 大丸旅館

前頭 熊本 山みず木
同 大分 神和苑
同 石川 かよう亭
同 福井 つるや
同 富山 大牧温泉観光旅館
同 和歌山 旅館あづまや
同 鹿児島 雅叙苑
同 鳥取 旅館大橋
同 山口 松田屋ホテル
同 岐阜 槍見舘
同 長崎 雲仙宮崎旅館
同 岐阜 かつら木の郷
同 島根 長楽園
同 岡山 奥津荘
同 大分 由布院玉の湯
同 石川 白銀屋
同 三重 湯元榊原舘
同 福岡 大丸別荘
同 山口 別邸音信
同 大分 宿房翡翠之庄

前頭 長崎 旅館國崎
同 京都 ゑびすや
同 徳島 ホテル祖谷温泉
同 鹿児島 旅行人山荘
同 大分 旅館福元屋
同 大分 喜安屋
同 鹿児島 野鶴亭
同 石川 法師
同 島根 旅館ぬしや
同 鳥取 華水亭
同 奈良 ホテル昴
同 熊本 米屋別荘
同 和歌山 海のホテル一の滝
同 大分 庄屋の館
同 大分 丸長旅館
同 佐賀 鶴霊泉
同 三重 庄助
同 熊本 山口旅館
同 鹿児島 旅館吟松
同 熊本 富士ホテル

平成温泉旅館番付(行司:温泉教授　松田忠徳)

東

- 横綱　秋田　鶴の湯温泉
- 横綱　群馬　ての字屋
- 大関　山梨　慶雲館
- 大関　群馬　長寿館
- 関脇　静岡　あさば
- 関脇　静岡　蓬莱
- 小結　長野　旅館さかや
- 小結　福島　大丸あすなろ荘

- 前頭　北海道　ホテル甘露の森
- 同　群馬　岸権旅館
- 同　福島　向瀧
- 同　静岡　古屋旅館
- 同　群馬　積善館
- 同　長野　よろづや
- 同　山形　能登屋旅館
- 同　長野　臨泉楼柏屋別荘
- 同　山形　わかまつや
- 同　群馬　四万やまぐち館
- 同　北海道　鄙の座
- 同　岩手　山水閣
- 同　神奈川　福住楼
- 同　北海道　花鐘亭はなや
- 同　静岡　伊古奈
- 同　山梨　白根館
- 同　長野　温宿かじか
- 同　北海道　湯宿だいいち
- 同　栃木　下藤屋
- 同　北海道　ふる川

- 前頭　栃木　大丸温泉旅館
- 同　北海道　丸駒温泉旅館
- 同　北海道　御やど清水屋
- 同　福島　吾妻屋
- 同　青森　蔦温泉旅館
- 同　北海道　竹葉新葉亭
- 同　宮城　旅館大沼
- 同　青森　青荷温泉
- 同　静岡　伊東わかつき別邸
- 同　北海道　銀鱗荘
- 同　新潟　高半
- 同　栃木　元泉館
- 同　山形　三之亟
- 同　北海道　湯元銀泉閣
- 同　長野　塵表閣本店
- 同　長野　古久屋
- 同　静岡　東府屋旅館
- 同　北海道　ホテル山水
- 同　宮城　湯元不忘閣
- 同　福島　古滝屋

かつては熱海、別府、箱根、白浜、指宿《いぶすき》など、温泉地名が温泉のブランドでした。ところがこのブランド力は、ここにきて急速に崩れてきました。

その理由として、旅行の形態がかつての社員旅行（団体旅行）から、個人旅行へシフトするにしたがって、旅行者のニーズが多様化したことがあげられます。団体旅行では均一化されたサービスが求められましたが、個人旅行では多様な個性に対応するには〝差別化〟がおのおのの旅館に求められることになったためです。

かつては〝別府ブランド〟でピンからキリまでの旅館が大差なくブランド力の恩恵に浴することができましたが、現在では同じ別府の旅館であっても、このような昨今のニーズにすばやく対応できたか否かによって、勝ち組の旅館とそうではない旅館に色分けされはじめたのです。

これからの温泉選びは「旅館選びの時代」に入ったと考えて間違いありません。もちろん、数百年の歴史を誇る温泉地の名は重い。ですが、伊豆、加賀《かが》、有馬などの旅館のなかには、過去の名声に甘え、提供しているサービスにくらべ著しく高い料金を取りつづけているところもあります。

ただ、ひと口に「旅館で温泉を選ぶ」といっても簡単なことではないでしょう。温泉旅館・ホテルの数は約一五〇〇〇軒（二〇〇六年三月末時点）あります。それでも過去一年間に三〇〇軒あまりの旅館が淘汰されています。確実に時代は私たち旅行者により厳しい選定を求めはじめています。

旅館選びのポイントは、「料金に見合った満足度が得られるか否か」に尽きます。料金以上の満足度、「もう一度泊まりたい」とか、「今度は両親を連れてきたい」と思わせるような旅館に出合うことができればしめたものです。

本書の読者の多くは、ホンモノ志向の温泉ファンのはずです。選定基準は、「温泉（風呂）がよいこと」「料理（食材）がよいこと」「雰囲気（おもてなし、建物、施設など）がよいこと」の三点です。もちろん宿泊料金が高ければふつう料理の見栄えもいいはずですから、先の三点の前提として、「宿泊料金と見合っているか否か」があります。

本文にくりかえし書きましたし、かねてからの私の持論でもありますが、（ホンモノの）温泉あっての温泉旅館という鉄則は破ることはできません。また温泉旅館は日本の個性だというのも私の持論で、この基準で考えると、鉄筋コンクリートの大型ホテルの点数はどうしても辛《から》くなります。あらゆる意味で〝和〟こそが、日本の湯宿の原点です。

このような私のポリシーで作成した「平成温泉旅館番付」ですが、あくまでも「宿選びの参考に」という程度のものとお考えください。これをもとに温泉旅行を楽しみながら、あなたの感性に合った「ホンモノの温泉旅館番付」を作成してほしいからです。

西 横綱

岐阜 湯元 長座【奥飛騨温泉郷(福地温泉)】

泉質 単純温泉
効能 胃腸病・神経痛・皮膚病など
住所 岐阜県高山市奥飛騨温泉郷福地786
☎0578-89-0099

泉温 76.1℃
源泉率 100%

鹿児島 妙見石原荘【霧島温泉郷(妙見温泉)】 張出

泉質 含土類重曹泉など
効能 疲労回復・切り傷・美肌
住所 鹿児島県霧島市隼人町嘉例川4376
☎0995-77-2111

泉温 55℃
源泉率 100%

東 横綱

秋田 鶴の湯温泉【乳頭温泉郷】

泉温 58℃
源泉率 95%

泉質 含重曹食塩硫化水素泉
効能 高血圧症・動脈硬化症・創傷など
住所 秋田県仙北市田沢湖田沢字先達沢国有林50
☎0187-46-2139

群馬 ての字屋【草津温泉】 張出

泉温 46℃
源泉率 100%

泉質 含硫黄酸性明礬泉
効能 疲労回復・美肌・神経痛など
住所 群馬県吾妻郡草津町草津360
☎0279-88-3177

西 大関

石川 あらや滔々庵【山代温泉】

泉質 含石膏食塩芒硝泉
効能 腰痛・神経痛・婦人病など
住所 石川県加賀市山代温泉湯の曲輪
☎0761-77-0010

泉温 66℃
源泉率 100%

兵庫 陶泉 御所坊【有馬温泉】

張出

泉質 含鉄ナトリウム塩化土類強食塩泉
効能 神経痛・関節痛・婦人病など
住所 兵庫県神戸市北区有馬町858
☎078-904-0551

泉温 83.5℃
源泉率 100%

東 大関

山梨 慶雲館【西山温泉】

泉温 52℃
源泉率 100%

泉質 含食塩石膏泉
効能 胃腸病・筋肉痛・関節痛
住所 山梨県南巨摩郡早川町湯島825
☎0556-48-2111

群馬 長寿館【法師温泉】 張出

泉温 43℃
源泉率 100%

泉質 石膏泉・単純温泉
効能 神経痛・関節痛・筋肉痛など
住所 群馬県利根郡みなかみ町法師温泉
☎0278-66-0005

熊本 山の宿 新明館【黒川温泉】

泉温 74.5℃
源泉率 100%

泉質 含芒硝食塩泉
効能 神経痛・筋肉痛・関節痛など
住所 熊本県阿蘇郡南小国町黒川温泉
☎0967-44-0916

鳥取 岩井屋【岩井温泉】 張出

泉温 47.6℃
源泉率 100%

泉質 含芒硝石膏泉
効能 神経痛・関節痛・五十肩など
住所 鳥取県岩美郡岩美町岩井544
☎0857-72-1525

東 関脇

静岡 あさば【修善寺温泉】

泉質 単純温泉
効能 神経痛・筋肉痛・疲労回復など
住所 静岡県伊豆市修善寺3450-1
☎0558-72-7000

泉温 61.2℃
源泉率 100%

静岡 蓬莱【伊豆山温泉】 張出

泉質 含食塩石膏泉
効能 神経痛・五十肩・疲労回復など
住所 静岡県熱海市伊豆山750-6
☎0557-80-5151

泉温 68.8℃
源泉率 加水（かけ流し）

西 小結

熊本 山河旅館【黒川温泉】

泉質 単純硫黄泉
効能 神経痛・打ち身・慢性消化器病など
住所 熊本県阿蘇郡南小国町大字満願寺6961-1
☎0967-44-0906

大分 大丸旅館【長湯温泉】 張出

泉質 重炭酸土類泉など
効能 リュウマチ・糖尿病・慢性消化器病など
住所 大分県竹田市直入町大字長湯7992-1
☎0974-75-2002

東 小結

長野 旅館 さかや【野沢温泉】

泉質 硫黄泉
効能 神経痛・リュウマチ・婦人病
住所 長野県下高井郡野沢温泉村大字豊郷9329
☎0269-85-3118

泉温 67℃
源泉率 100%

福島 大丸あすなろ荘【二岐温泉】 張出

泉質 石膏泉
効能 神経痛・筋肉痛・関節痛など
住所 福島県岩瀬郡天栄村二岐温泉
☎0248-84-2311

泉温 54.8℃
源泉率 100%

西 前頭筆頭～5

熊本 山あいの宿 山みず木【黒川温泉】

泉質 含芒硝食塩泉

効能 神経痛・筋肉痛・関節痛など

住所 熊本県阿蘇郡南小国町満願寺6392-2

☎0967-44-0336

泉温 90.6℃

源泉率 100%

大分 やすらぎの宿 神和苑【別府鉄輪温泉】

泉温 62.8℃

源泉率 100%

泉質 弱食塩泉

効能 神経痛・運動麻痺・慢性消化器病など

住所 大分県別府市御幸6組

☎0977-66-2111

石川 かよう亭【山中温泉】

泉質 含石膏芒硝泉

効能 動脈硬化症・慢性皮膚病・高血圧など

住所 石川県加賀市山中温泉東町1-ホ-20

☎0761-78-1410

泉温 48.2℃

源泉率 100%

福井 つるや【あわら温泉】

泉温 80℃

源泉率 100%

泉質 含塩化土類食塩泉

効能 慢性皮膚病・慢性婦人病・神経痛など

住所 福井県あわら市温泉4-601

☎0776-77-2001

富山 大牧温泉観光旅館【大牧温泉】

泉質 含石膏弱食塩泉

効能 神経痛・胃腸病など

住所 富山県南砺市利賀村大牧44

☎0763-82-0363

泉温 58℃

源泉率 100%

東 前頭筆頭～5

北海道 ホテル甘露の森【ニセコ温泉郷(昆布温泉)】

泉質 含重曹食塩泉
効能 神経痛・関節痛・慢性皮膚病など
住所 北海道虻田郡ニセコ町ニセコ415
☎0136-58-3800

泉温 51.2℃
源泉率 100%

群馬 岸権旅館【伊香保温泉】

泉温 40～42℃
源泉率 100%

泉質 炭酸鉄泉
効能 神経痛・筋肉痛・関節痛など
住所 群馬県渋川市伊香保町伊香保甲48
☎0279-72-3105

福島 向瀧【会津東山温泉】

泉質 含食塩石膏芒硝泉
効能 神経痛・筋肉痛・関節痛など
住所 福島県会津若松市東山町湯本川向200
☎0242-27-7501

泉温 57℃
源泉率 100%

静岡 古屋旅館【熱海温泉】

泉温 85.2℃
源泉率 100%

泉質 食塩泉
効能 やけど・慢性皮膚病・慢性婦人病など
住所 静岡県熱海市東海岸町5-24
☎0557-81-0001

群馬 積善館【四万温泉】

泉質 硫酸塩泉
効能 神経痛・慢性消化器病・慢性婦人病など
住所 群馬県吾妻郡中之条町大字四万4236
☎0279-64-2101

泉温 62.9℃
源泉率 (元禄の湯)100%

西 前頭6〜10

和歌山 旅館あづまや【湯の峰温泉】

泉質 重曹硫化水素泉

効能 すり傷・慢性胃腸病・肝臓病など

住所 和歌山県田辺市本宮町湯峰122

☎0735-42-0012

泉温 91.5℃

源泉率 80〜100%

鹿児島 忘れの里 雅叙苑【霧島温泉郷（妙見温泉）】

泉温 41.3℃

源泉率 100%

泉質 含土類重曹泉

効能 神経痛・胃腸病・美肌

住所 鹿児島県霧島市牧園町宿窪田4230

☎0995-77-2114

鳥取 旅館 大橋【三朝温泉】

泉質 含放射能食塩泉など

効能 療養泉の一般的適応症のほか免疫力上昇

住所 鳥取県東伯郡三朝町三朝302-1

☎0858-43-0211

泉温 63.1℃

源泉率 90%

山口 松田屋ホテル【湯田温泉】

泉温 64℃

源泉率 60%

泉質 単純温泉

効能 神経痛・筋肉痛・関節痛など

住所 山口県山口市湯田温泉3-6-7

☎083-922-0125

岐阜 槍見の湯 槍見舘【奥飛騨温泉郷（新穂高温泉）】

泉質 単純温泉

効能 病後の静養など

住所 岐阜県高山市奥飛騨温泉郷神坂587

☎0578-89-2808

泉温 55℃

源泉率 100%

東 前頭6〜10

長野 よろづや【湯田中温泉】

泉質 含芒硝食塩泉
効能 冷え症・慢性湿疹・美肌など
住所 長野県下高井郡山ノ内町平穏3137
☎0269-33-2111

泉温 93.6℃
源泉率 75％

山形 能登屋旅館【銀山温泉】

泉温 60.6℃
源泉率 100％

泉質 硫酸塩泉
効能 神経痛・創傷・婦人科疾患など
住所 山形県尾花沢市銀山新畑446
☎0237-28-2327

長野 臨泉楼 柏屋別荘【別所温泉】

泉質 単純硫黄泉
効能 神経痛・慢性消化器病
住所 長野県上田市別所温泉1640
☎0268-38-2345

泉温 50.9℃
源泉率 100％

山形 蔵王・和歌の宿 わかまつや【蔵王温泉】

泉温 51.8℃
源泉率 100％

泉質 含硫化水素強酸性明礬泉
効能 皮膚病・婦人病・糖尿病など
住所 山形県山形市蔵王温泉951-1
☎023-694-9525

群馬 四万やまぐち館【四万温泉】

泉質 含石膏弱食塩泉
効能 神経痛・筋肉痛・消化器病など
住所 群馬県吾妻郡中之条町大字四万甲3876-1
☎0279-64-2011

泉温 53.1℃
源泉率 100％

西 前頭11～15

長崎 雲仙宮崎旅館【雲仙温泉】

泉質 硫黄泉
効能 神経痛・筋肉痛・関節痛など
住所 長崎県雲仙市小浜町雲仙320
☎0957-73-3331

泉温 79.2℃
源泉率 95%

岐阜 いろりの宿 かつら木の郷【奥飛騨温泉郷(福地温泉)】

泉温 47℃
源泉率 99%

泉質 単純温泉
効能 冷え症・疲労回復・神経痛など
住所 岐阜県高山市奥飛騨温泉郷福地10
☎0578-89-1001

島根 長楽園【玉造温泉】

泉質 芒硝苦味泉
効能 神経痛・リュウマチ・筋肉痛など
住所 島根県松江市玉湯町玉造323
☎0852-62-0111

泉温 72℃
源泉率 100%

岡山 名泉鍵湯 奥津荘【奥津温泉】

泉温 42.6℃
源泉率 100%

泉質 単純温泉
効能 美肌・神経痛・リュウマチなど
住所 岡山県苫田郡鏡野町奥津48
☎0868-52-0021

大分 由布院 玉の湯【由布院温泉】

泉質 単純温泉
効能 神経痛・筋肉痛・疲労回復など
住所 大分県由布市湯布院町湯の坪
☎0977-84-2158

泉温 52～68℃
(部屋付内湯) 源泉率 100%

東 前頭11〜15

北海道 あかん鶴雅別荘 鄙の座【阿寒湖温泉】

泉質 単純温泉

効能 疲労回復・神経痛・筋肉リュウマチなど

住所 北海道釧路市阿寒町阿寒湖温泉2-8-1

☎0154-67-5500

泉温 60℃

源泉率 (部屋付露天)100%

岩手 山水閣【花巻南温泉郷(大沢温泉)】

泉温 51.3℃

源泉率 100%

泉質 単純温泉

効能 神経痛・リュウマチ・胃腸病など

住所 岩手県花巻市湯口字大沢181

☎0198-25-2021

神奈川 福住楼【箱根温泉郷(塔之澤温泉)】

泉質 単純温泉

効能 神経痛・関節痛・疲労回復など

住所 神奈川県足柄下郡箱根町塔之澤74

☎0460-85-5301

泉温 62.5℃

源泉率 加水(かけ流し)

北海道 花鐘亭 はなや【登別温泉】

泉温 69.3℃

源泉率 99%

泉質 硫酸塩泉・硫化水素泉

効能 皮膚炎・婦人病・冷え症など

住所 北海道登別市登別温泉町134

☎0143-84-2521

静岡 伊古奈【下賀茂温泉】

泉質 食塩泉

効能 リュウマチ・神経麻痺・病後回復期など

住所 静岡県賀茂郡南伊豆下賀茂422

☎0558-62-0030

泉温 100℃

源泉率 90%

西 前頭16～20

石川 白銀屋【山代温泉】

泉質 単純温泉

効能 神経痛・関節痛・冷え症など

住所 石川県加賀市山代温泉18-47

☎0761-77-0025

泉温 64.3℃

源泉率 加水（かけ流し）

三重 湯元 榊原館【榊原温泉】

泉温 32.5℃

源泉率 100%

泉質 単純温泉

効能 リュウマチ・皮膚病・糖尿病など

住所 三重県津市榊原町5970

☎059-252-0206

福岡 大丸別荘【二日市温泉】

泉質 単純温泉

効能 神経痛・筋肉痛・関節痛など

住所 福岡県筑紫野市湯町1-20-1

☎092-924-3939

泉温 48.4℃

源泉率 100%

山口 別邸 音信【長門湯本温泉】

泉温 32.4℃

源泉率 （部屋付露天）50～90%

泉質 単純温泉

効能 疲労回復・神経痛・筋肉痛など

住所 山口県長門市湯本温泉

☎0837-25-3377

大分 宿房 翡翠之庄【長湯温泉】

泉質 重曹泉

効能 慢性消化器病・関節痛・糖尿病

住所 大分県竹田市直入町長湯7443-1

☎0974-75-2300

泉温 42℃

源泉率 100%

東 前頭16～20

山梨 白根館【奈良田温泉】

泉質 含食塩硫黄泉
効能 糖尿病・神経痛・便秘など
住所 山梨県南巨摩郡早川町奈良田344
☎0556-48-2711

泉温 49.8℃
源泉率 100%

長野 温宿 かじか【葛温泉】

泉温 80℃
源泉率 80%

泉質 単純硫黄泉
効能 神経痛・筋肉痛・打ち身など
住所 長野県大町市高瀬渓谷葛温泉
☎0261-22-1311

北海道 湯宿だいいち【養老牛温泉】

泉質 含石膏食塩泉
効能 切り傷・胃腸病・冷え症
住所 北海道標津郡中標津町字養老牛518
☎0153-78-2131

泉温 85℃
源泉率 100%

栃木 やまの宿 下藤屋【塩原温泉郷(奥塩原新湯温泉)】

泉温 79.2℃
源泉率 100%

泉質 硫黄泉
効能 神経痛・慢性消化器病・糖尿病など
住所 栃木県那須塩原市湯本塩原11
☎0287-31-1111

北海道 ぬくもりの宿 ふる川【定山渓温泉】

泉質 食塩泉
効能 腰痛・神経痛・肩こりなど
住所 北海道札幌市南区定山渓温泉西4-353
☎011-598-2345

泉温 85℃
源泉率 85%

西 前頭21～25

長崎 旅館 國崎【小浜温泉】

泉質 食塩泉
効能 神経痛・筋肉痛・関節痛など
住所 長崎県雲仙市小浜町南本町10-8
☎0957-74-3500

泉温 97℃
源泉率 80%

京都 丹後の湯宿 ゑびすや【木津温泉】

泉温 40.2℃
源泉率 100%

泉質 単純温泉
効能 神経痛・筋肉痛・五十肩など
住所 京都府京丹後市網野町木津196-2
☎0772-74-0025

徳島 和の宿 ホテル祖谷温泉【祖谷温泉】

泉質 硫黄泉
効能 神経痛・婦人病・美肌など
住所 徳島県三好市池田町松尾松本367-2
☎0883-75-2311

泉温 39.3℃
源泉率 100%

鹿児島 旅行人山荘【霧島温泉郷(丸尾温泉)】

泉温 60℃
源泉率 100%

泉質 単純温泉
効能 神経痛・リュウマチ・婦人病など
住所 鹿児島県霧島市牧園町高千穂字龍石3865
☎0995-78-2831

大分 旅館 福元屋【壁湯温泉】

泉質 単純温泉
効能 神経痛・腰痛・美肌
住所 大分県玖珠郡九重町大字町田62-1
☎0973-78-8754

泉温 39.5℃
源泉率 100%

前頭21～25

栃木 大丸温泉旅館【那須温泉郷(大丸温泉)】

泉質 単純温泉
効能 神経痛・リュウマチ・胃腸病など
住所 栃木県那須郡那須町大字湯本269
☎0287-76-3050

泉温 78・38℃
源泉率 100%

北海道 丸駒温泉旅館【丸駒温泉】

泉温 52℃
源泉率 100%

泉質 弱食塩泉など
効能 神経痛・慢性消化器病・皮膚病など
住所 北海道千歳市幌美内7
☎0123-25-2341

北海道 御やど 清水屋【登別温泉】

泉質 単純硫黄泉
効能 神経痛・リュウマチ
住所 北海道登別市登別温泉町173
☎0143-84-2145

泉温 69.3℃
源泉率 100%

福島 吾妻屋【高湯温泉】

泉温 45～50℃
源泉率 100%

泉質 硫黄泉
効能 高血圧症・動脈硬化症・リュウマチなど
住所 福島県福島市町庭坂字高湯33
☎024-591-1121

青森 蔦温泉旅館【蔦温泉】

泉質 単純温泉
効能 慢性皮膚病・慢性婦人病・動脈硬化症など
住所 青森県十和田市大字奥瀬字蔦野湯1
☎0176-74-2311

泉温 44.6℃
源泉率 100%

西 前頭26～30

大分 山あいの宿 喜安屋【筋湯温泉】

泉質 食塩泉

効能 神経痛・肩こり・皮膚病など

住所 大分県玖珠郡九重町筋湯温泉

☎0973-79-3341

泉温 75℃

源泉率 加水（かけ流し）

鹿児島 ホテル数寄の宿 野鶴亭【日当山温泉】

泉温 55.6℃

源泉率 100%

泉質 重曹泉

効能 神経痛・筋肉痛・運動麻痺など

住所 鹿児島県霧島市隼人町東郷1-8

☎0995-42-6400

石川 法師【粟津温泉】

泉質 芒硝泉

効能 リュウマチ・神経衰弱・慢性婦人病など

住所 石川県小松市粟津町ワ-46

☎0761-65-1111

泉温 52℃

源泉率 100%

島根 旅館 ぬしや【有福温泉】

泉温 34.7℃

源泉率 100%

泉質 単純温泉

効能 神経痛・打ち身・婦人病など

住所 島根県江津市有福温泉町955

☎0855-56-2121

鳥取 華水亭【皆生温泉】

泉質 含塩化土類食塩泉

効能 神経痛・消化器病・慢性婦人病など

住所 鳥取県米子市皆生温泉4-19-10

☎0859-33-0001

泉温 76.4℃

源泉率 100%

東 前頭26～30

北海道 竹葉 新葉亭【湯の川温泉】

泉質 含炭酸食塩泉
効能 リュウマチ・神経通・肩こりなど
住所 北海道函館市湯川町2-6-22
☎0138-57-5171

泉温 60℃
100% 源泉率

宮城 旅館大沼【鳴子温泉郷（東鳴子温泉）】

泉温 62℃
100% 源泉率

泉質 純重曹泉
効能 切り傷・神経痛・健康増進など
住所 宮城県大崎市鳴子温泉字赤湯34
☎0229-83-3052

青森 ランプの宿 青荷温泉【青荷温泉】

泉質 単純温泉
効能 神経痛・リュウマチなど
住所 青森県黒石市沖浦字青荷沢滝ノ上1-7
☎0172-54-8588

泉温 47℃
100% 源泉率

静岡 伊東わかつき別邸【伊東温泉】

泉温 49.7℃
100% 源泉率

泉質 食塩泉
効能 神経痛・冷え症・疲労回復など
住所 静岡県伊東市湯田町6-30
☎0557-37-1466

北海道 銀鱗荘【平磯温泉】

泉質 含芒硝食塩泉
効能 動脈硬化症・慢性婦人病・疲労回復など
住所 北海道小樽市桜1-1
☎0134-54-7010

泉温 60℃
（露天岩風呂）100% 源泉率

西 前頭31～35

奈良 ホテル昴【十津川温泉】

泉質 含食塩重曹泉

効能 婦人病・神経痛・リュウマチなど

住所 奈良県吉野郡十津川村平谷909-4

☎0746-64-1111

泉温 70℃

源泉率 100%

熊本 米屋別荘【杖立温泉】

泉温 98℃

源泉率 100%

泉質 食塩泉

効能 美肌・胃腸病・疲労回復など

住所 熊本県阿蘇郡小国町下城4162

☎0967-48-0507

和歌山 海のホテル一の滝【南紀勝浦温泉】

泉質 単純温泉

効能 神経痛・筋肉痛・関節痛など

住所 和歌山県東牟婁郡那智勝浦町勝浦752

☎0735-52-0080

泉温 38.8℃

源泉率 100%

大分 庄屋の館【由布院温泉】

泉温 92.1℃

源泉率 100%

泉質 含芒硝食塩泉

効能 神経痛・慢性消化器病・慢性婦人病など

住所 大分県由布市湯布院町川上444-3

☎0977-85-3105

大分 丸長旅館【長湯温泉】

泉質 含炭酸重炭酸土類泉

効能 神経痛・筋肉痛・関節痛など

住所 大分県竹田市直入町長湯温泉7995-2

☎0974-75-2010

泉温 42℃

源泉率 100%

東 前頭31～35

新潟 雪国の宿 高半【越後湯沢温泉】

泉質 単純硫黄泉
効能 疲労回復・婦人病など
住所 新潟県南魚沼郡湯沢町湯沢923
☎025-784-3333

泉温 43.4℃
源泉率 100%

栃木 秘湯の宿 元泉館【塩原温泉郷(元湯温泉)】

泉温 50.6℃
源泉率 90%

泉質 硫黄泉
効能 リュウマチ・神経痛・運動障害など
住所 栃木県那須塩原市湯本塩原101
☎0287-32-3155

山形 湯守の宿 三之亟【赤倉温泉】

泉質 含芒硝石膏泉
効能 動脈硬化症・関節痛・胆石症など
住所 山形県最上郡最上町大字富沢884
☎0233-45-2301

泉温 60℃
源泉率 80～100%

北海道 湯元 銀泉閣【層雲峡温泉】

泉温 57℃
源泉率 100%

泉質 単純温泉
効能 神経痛・慢性消化器病・運動麻痺など
住所 北海道上川郡上川町字層雲峡公園まち
☎01658-5-3003

長野 塵表閣本店【上林温泉】

泉質 単純温泉・食塩泉
効能 神経痛・リュウマチ・婦人病など
住所 長野県下高井郡山ノ内町大字平穏1409
☎0269-33-3151

泉温 58.5℃
源泉率 100%

西

前頭36〜40

佐賀 元湯旅館 鶴霊泉【古湯温泉】

泉質 単純温泉

効能 皮膚病・リュウマチ・美肌美白など

住所 佐賀県佐賀市富士町古湯875

☎0952-58-2021

泉温 37℃

源泉率 100%

三重 天然温泉・料理旅館 庄助【木曽岬温泉】

泉温 51.8℃

源泉率 100%

泉質 単純温泉

効能 リュウマチ・神経痛・疲労回復など

住所 三重県桑名郡木曽岬町源緑輪中794

☎0567-68-1801

熊本 山口旅館【垂玉温泉】

泉質 単純温泉

効能 神経痛・筋肉痛・運動麻痺など

住所 熊本県阿蘇郡阿蘇村河陽2331

☎0967-67-0006

泉温 51.5℃

源泉率 90〜100%

鹿児島 旅館 吟松【指宿温泉】

泉温 84℃

源泉率 100%

泉質 食塩泉

効能 神経痛・筋肉痛・婦人病

住所 鹿児島県指宿市湯の浜5-26-27

☎0993-22-3231

熊本 富士ホテル【山鹿温泉】

泉質 単純温泉

効能 神経痛・リュウマチ・胃腸病など

住所 熊本県山鹿市昭和町506

☎0968-43-4146

泉温 35.1℃

源泉率 100%

東 前頭36〜40

長野 古久屋【渋温泉】

泉質 食塩泉・含食塩石膏泉など
効能 神経痛・疲労回復など
住所 長野県下高井郡山ノ内町渋温泉
☎0269-33-2511

泉温 42〜95℃
源泉率 100%

静岡 東府屋旅館【吉奈温泉】

泉質 単純温泉
効能 冷え症・神経痛・筋肉痛など
住所 静岡県伊豆市吉奈98
☎0558-85-1000

泉温 46〜55℃
源泉率 100%

北海道 ホテル山水【定山渓温泉】

泉質 食塩泉
効能 筋肉痛・神経痛・関節痛など
住所 北海道札幌市南区定山渓温泉東3
☎011-598-2301

泉温 65℃
源泉率 100%

宮城 湯元 不忘閣【青根温泉】

泉質 単純温泉
効能 疲労回復・神経痛・筋肉痛など
住所 宮城県柴田郡川崎町青根温泉1-1
☎0224-87-2011

泉温 52℃
源泉率 100%

福島 元禄彩雅宿 古滝屋【いわき湯本温泉】

泉質 含食塩芒硝硫黄泉
効能 慢性皮膚病・婦人病・糖尿病など
住所 福島県いわき市常磐湯本町三函208
☎0246-43-2191

泉温 59℃
源泉率 100%

編集協力――岡田仁志
写真提供――著者
各旅館

PHP新書
PHP INTERFACE
http://www.php.co.jp/

松田忠徳［まつだ・ただのり］

1949年北海道洞爺湖温泉生まれ。札幌国際大学観光学部教授（温泉学）、崇城大学客員教授、旅行作家、翻訳家、モンゴル研究家、ウェブマガジン「毎日が温泉」編集長。東京外国語大学大学院修士課程修了。文学博士。温泉教授の異名で知られる温泉学の第一人者。現在までに踏査した温泉は4600湯を超える。
おもな著書に『温泉教授の温泉ゼミナール』『温泉教授の日本全国温泉ガイド』『温泉教授の日本百名湯』（以上、光文社新書）、『温泉旅館格付ガイド』（新潮社）、『江戸の温泉学』（新潮選書）、『温泉力』（集英社インターナショナル）、『温泉教授の湯治力』（祥伝社新書）、『温泉教授・松田忠徳の新・日本百名湯』（日経ビジネス人文庫）、『おとなの温泉旅行術』（ＰＨＰ新書）など多数ある。また、ＤＶＤ『温泉教授・松田忠徳の日本百名湯』全10巻（日本経済新聞社）、ニンテンドーＤＳソフト『全国どこでも温泉手帳』（マーベラスエンターテイメント）の監修も務める。

一度は泊まってみたい癒しの温泉宿

（PHP新書 493）

二〇〇七年十一月二十九日 第一版第一刷
二〇〇八年一月三十一日 第一版第二刷

著者――松田忠徳
発行者――江口克彦
発行所――ＰＨＰ研究所
東京本部――〒102-8331 千代田区三番町3-10
新書出版部 ☎03-3239-6298（編集）
普及一部 ☎03-3239-6233（販売）
京都本部――〒601-8411 京都市南区西九条北ノ内町11
制作協力 組版――編集工房Ｑ
装幀者――芦澤泰偉＋児崎雅淑
印刷所 製本所――図書印刷株式会社

ISBN978-4-569-64156-0

ＰＨＰ新書刊行にあたって

「繁栄を通じて平和と幸福を」(PEACE and HAPPINESS through PROSPERITY)の願いのもと、ＰＨＰ研究所が創設されて今年で五十周年を迎えます。その歩みは、日本人が先の戦争を乗り越え、並々ならぬ努力を続けて、今日の繁栄を築き上げてきた軌跡に重なります。

しかし、平和で豊かな生活を手にした現在、多くの日本人は、自分が何のために生きているのか、どのように生きていきたいのかを、見失いつつあるように思われます。そして、その間にも、日本国内や世界のみならず地球規模での大きな変化が日々生起し、解決すべき問題となって私たちのもとに押し寄せてきます。

このような時代に人生の確かな価値を見出し、生きる喜びに満ちあふれた社会を実現するために、いま何が求められているのでしょうか。それは、先達が培ってきた知恵を紡ぎ直すこと、その上で自分たち一人一人がおかれた現実と進むべき未来について丹念に考えていくこと以外にはありません。

その営みは、単なる知識に終わらない深い思索へ、そしてよく生きるための哲学への旅でもあります。弊所が創設五十周年を迎えましたのを機に、ＰＨＰ新書を創刊し、この新たな旅を読者と共に歩んでいきたいと思っています。多くの読者の共感と支援を心よりお願いいたします。

一九九六年十月

ＰＨＰ研究所